Topos plus **Taschenbücher**
Band 421

W0053410

Walter Kirchschläger

Grundkurs Bibel

Altes Testament

Topos plus Taschenbücher

Topos plus Verlagsgemeinschaft

Butzon & Bercker, Kevelaer | Don Bosco, München
Echter, Würzburg | Verlag Katholisches Bibelwerk, Stuttgart
Lahn-Verlag, Limburg Kevelaer | Matthias-Grünewald-Verlag, Mainz
Paulusverlag, Freiburg Schweiz | Friedrich Pustet, Regensburg
Styria, Graz Wien Köln | Tyrolia, Innsbruck Wien

Die Deutsche Bibliothek – CIP-Einheitsaufnahme
Ein Titeldatensatz für diese Publikation
ist bei Der Deutschen Bibliothek erhältlich.

Einband- und Reihengestaltung:
Akut Werbung GmbH, Dortmund
Titelfoto: AKG Berlin
Herstellung: Pustet, Regensburg
Printed in Germany

Topos plus – Bestellnummer: 3-7867-8421-3

Inhaltsverzeichnis

Vorwort

Das vorliegende Taschenbuch ist als ergänzende Weiterführung zu dem vor Jahresfrist in der gleichen Reihe erschienenen Blick in das Neue Testament entstanden. Für das allgemeine Verständnis der Bibel bedeutsame Fragen, die dort behandelt sind, wurden daher in diesem Buch nicht mehr aufgegriffen.

Es konzentriert sich vielmehr auf die Schriften des Alten Testaments, wie sie — eingebettet in ihre Entstehungszeit — ein vielschichtiges Zeugnis vom Glauben an den einen Gott JAHWE vermitteln können. Angesichts des Umfangs dieses Schrifttums bleibt es freilich fragmentarisch und kann nur versuchen, manchen bedeutungsvollen Gesichtspunkt stärker in das Blickfeld des Lesers und der Leserin zu rücken.

Mehrfach sind biblische Texte im Wortlaut zitiert. Dies dient zur leichteren Orientierung, kann und will aber keinesfalls die unmittelbare Beschäftigung mit dem Alten Testament ersetzen. Im Gegenteil: Diese „Kostproben" der alttestamentlichen Schrift wollen ebenso wie die Schriftstellenhinweise den Zugang zu den Schriften erschließen und dazu ermutigen, selbst nachzuschlagen.

Deutlicher als in früheren Jahren ist uns heute die Notwendigkeit der Auseinandersetzung mit der *gesamten* biblischen Botschaft als Grundlage unserer Glaubensüberzeugung bewußt. Diese Beschäftigung mit der Bibel ein wenig zu unterstützen und zu fördern, ist Anliegen dieses Buches.

Es ist meiner Frau gewidmet. Ihrer Vermittlung der Schrift in der Katechese verdanke ich manche Hinweise, Fragestellungen und gemeinsame Auseinandersetzung mit biblischen Perspektiven.

Walter Kirchschläger

1. Wie es anfing

„Im Anfang …", so beginnt die Bibel. Der Verfasser schildert die Trennung von Wasser und Land, die Erschaffung von Licht und Finsternis, von Gestirnen, von Tier- und Pflanzenwelt, schließlich vom Menschen.

Im Anfang also steht das Werden dieser Welt, steht der Beginn der Schöpfung überhaupt. Das ist nicht sehr verwunderlich, und es ist auch nicht einzigartig für die Bibel. Ein Blick in die Religionsgeschichte zeigt uns, daß jedes Volk und jede Religion über die Anfänge und den Ursprung nachdenkt. Auf diese Grundfragen des Menschen werden verschiedene Antworten gegeben, teilweise zeigen sie verwandte Denkmuster und Vorstellungsstrukturen, je nach der Zeit, in der sie entstanden sind und formuliert wurden.

In keiner dieser sogenannten „Schöpfungsgeschichten" geht es um protokollartige Berichte. Wie es anfing — das kann sich der Mensch früherer Zeit ebenso wie der Mensch heute nur vorstellen. Dabei zieht er jene Hilfsmittel heran, die ihm zur Verfügung stehen und die seinem Denken entsprechen. Es ist daher völlig unzulässig, diese Texte mit dem kritischen Auge heutiger wissenschaftlicher Vorstellungen und Theorien zu lesen, auch wenn sie in der Bibel stehen. Der Anspruch dieser Erzählungen ist es lediglich, dem Menschen ihrer Entstehungszeit eine Antwort auf seine Grundfrage nach dem Woher zu ermöglichen. Sie tun dies unter maßgeblicher Miteinbeziehung Gottes — sonst gehörten sie wohl nicht in die Bibel.

Ein genauerer Blick läßt uns sofort erkennen, daß wir es hier mit Deutungsversuchen zu tun haben. Denn wenn wir nach der Schöpfungserzählung in Gen 1 weiterlesen, finden wir in Gen 2 (genau ab Gen 2,4b) eine weitere, zweite Schöpfungsgeschichte. Sie ist nicht als Fortsetzung zu verstehen, sondern als ein von der ersten Erzählung unabhängiger Versuch, den Anfang zu beschreiben. Dafür geht dieser Text von gänzlich anderen Voraussetzungen aus. Eine Gegenüberstellung kann dies deutlicher zeigen:

■ Für die *erste Schöpfungserzählung* (Gen 1,1—2,4a) ist eine bestimmte, wiederkehrende Formulierweise prägend. Sie erinnert an gebundene Sprache, und man könnte von einem „Schöpfungsgedicht" in mehreren Strophen sprechen: Gott handelt schaffend durch die Macht seines Wortes. Dieses Handeln Gottes ist in sieben Tagesschritte aufgeteilt, und diese werden sogar qualifiziert: „Gott sah, daß es gut/sehr gut war". Alles, was Gott schafft, gelingt also.

Der Gedanke liegt nahe, daß mit diesem Zeitschema etwas beabsichtigt ist. Mit dem Hinweis „Gott ruhte am siebten Tag" (Gen 2,2) gibt uns der Verfasser den Schlüssel zum Verstehen. Das Wochenschema ist nicht übersehbar. Für den Erzähler ist es bedeutsam, zu zeigen, daß diese Ordnung seiner Welt sich aus dem Schöpfungsgeschehen herleitet. Auch die Abfolge der Schöpfungsabschnitte verrät etwas über sein Denken. Die ganze Schöpfung strebt auf den sechsten Tag zu. Nur das Werk dieses Tages, der Mensch, wird als *„sehr* gut" bezeichnet, und die ausführliche Darstellung (vgl. Gen 1,26—31) zeigt: Die gesamte Schöpfung zielt auf den Menschen hin.

Hinter dieser Darstellungsweise ist eine bestimmte Zeit und eine bestimmte Theologie anzunehmen. Wir können dahinter priesterliche Kreise des 6. bis 5. Jh. v. Chr. vermuten.

■ Der Erzähler des *zweiten Schöpfungsberichtes* (Gen 2,4b—25) spricht eine andere Sprache, und er verfolgt andere Absichten. Hier begegnet Gott als der handfertige Künstler, der seine Schöpfung aus Lehm modelliert und mit seinem Atem beseelt. Ausgangspunkt des göttlichen Handelns ist der Mensch; um ihn gruppiert Gott — fast malerisch — in einem sehr ausführlich beschriebenen Garten alles sonstige. Dabei hat das Moment der gesuchten Partnerschaft eine gewichtige Bedeutung, denn „es ist nicht gut, daß der Mensch allein bleibt" (Gen 2,18). Mit dem Hinweis auf den verbotenen Baum kommt ein neuer Gedanke in diese Erzählung, der von der Schöpfung bereits weitergeführt.

Der Gott dieser Erzählung handelt nicht machtvoll durch sein Wort, sondern er legt selbst Hand an, gleich einem Handwerker. Einfachere Vorstellungen prägen den Text, wir müssen auf eine frühere Entstehungszeit schließen, die vermutlich um 1100 bis 1000 v. Chr. liegt.

Wie es anfing, ist also auch in der Bibel nicht mit einem Satz zu beantworten — oder doch? Lassen wir die Einzelheiten der Darstellung einmal beiseite. Für die sehr verschiedenen Verfasser ist eines klar: *Gott* steht am Anfang. Er handelt in der Schöpfung, und er tut es zum Wohl des Menschen.

Darin stimmen die Erzähler überein, darin unterscheiden sie sich auch von den vergleichbaren Texten aus Ägypten, aus Mesopotamien, Babylonien usw. Darin liegt auch die Botschaft, die die Bibel auf den ersten Seiten über den Anfang durch die Jahrtausende zu vermitteln hat. Das Zweite Vatikanische Konzil hat diese Aussage in folgender Weise formuliert:

„Gott, der durch das Wort alles erschafft und erhält, gibt den Menschen jederzeit in den geschaffenen Dingen Zeugnis von sich." (Offenbarungskonstitution I Art. 3)

Das gilt auch im Zeitalter der Atomphysik und der Elektronik. Mit *Gott* hat es angefangen, so bezeugt und deutet die Bibel. Wie im einzelnen — darauf muß sich jede Zeit und ihre Wissenschaft den Reim machen.

ANREGUNGEN ZUM WEITERDENKEN

— Vergleichen Sie die zwei Schöpfungsberichte (Gen 1,1 bis
  2,4 a und Gen 2,4b—25) miteinander.
  Überlegen Sie: Welche Vorstellung von der Welt hat die jeweiligen Verfasser geprägt?
  Beschreiben Sie mit eigenen Worten, wie Gott schaffend
  dargestellt wird.

— Lesen Sie Jes 55,10—11. Können Sie eine Beziehung zum
  Gottesverständnis von Gen 1 herstellen?

— Lesen Sie Jer 18,1—17. Wie hat hier das Bild von Gott als
  „Handwerker" nachgewirkt?

2. Der Apfel und die Sünde

War es Adam — oder doch Eva? …
War es die Schlange? …
Oder war es am Ende keiner der drei?
Vielleicht müssen wir anders fragen, um eine Antwort zu finden, war doch der biblische Verfasser der Sündenfallgeschichte (Gen 3) wohl kaum Augenzeuge im Garten Eden. Viel eher war er ein sehr kluger, ja genialer Erzähler, ein genauer Beobachter, der um Nöte und Fragen der Menschen um ihn wußte und nach Antworten aus seiner Religion suchte.

Wir haben schon gesehen: Bereits in der zweiten Schöpfungserzählung wird vom Baum der Erkenntnis und vom Eßverbot gesprochen (Gen 2,9.16—17; vgl. dazu Kap. 1). Dieser vorbereitende Hinweis läßt uns darauf schließen, daß der Erzähler bereits die Apfelgeschichte im Kopf hat, die er nun tatsächlich unmittelbar an die Schöpfungsdarstellung anschließt. Mehrere Anliegen werden ihn dazu bewogen haben. Um sie zu erkennen, müssen wir den Text von Gen 3 Punkt für Punkt durchgehen:

■ Das von Gott gegebene Verbot begrenzt die Möglichkeiten des Menschen. Sein „wie Gott" und Erkennen von „Gut und Böse" (Gen 3,5) überfordert den Menschen in seinen Fähigkeiten. Es macht für den Verfasser den entscheidenden Unterschied zwischen Gott und Mensch, zwischen Schöpfer und seinem Geschöpf aus. Die Versuchung, dieses Gebot zu umgehen, wird der Schlange unterschoben — einem von den Nomaden gefürchteten und verhaßten Tier. In Phönizien, später auch in Babylon galt sie als Verkörperung gottfeindlicher Mächte. Überdies war sie ein Symbol für den Götzen-

<u>kult des Baal</u>. Letzteres könnte ebenfalls dazu geführt haben, daß der Verfasser ihr in seiner Geschichte die verachtenswürdige Rolle zuschreibt.

■ Die <u>Folge des Ungehorsams</u> wird im <u>Erkennen der eigenen Nacktheit</u> umschrieben. Darin ereignet sich — so der Verfasser — etwas für den Menschen bislang Neues, mit dem er nicht umzugehen weiß. Anders hatte es ja noch am Ende der Schöpfungserzählung geheißen:

„Beide, Adam und seine Frau, waren nackt, aber sie schämten sich nicht voreinander." (Gen 2,25)

Die Scheu davor deutet der Erzähler also im Zusammenhang mit dem Ungehorsam des Menschen und mit seinem dadurch getrübten Verhältnis zu Gott.

■ Das <u>Verhalten der Menschen</u> — übrigens: *beide* sind daran <u>beteiligt!</u> — <u>hat für alle Mitwirkenden Folgen</u>, die dem Erzähler aus der eigenen Umwelt bekannt, die aber schwer verständlich sind. So erklärt sich daraus zunächst die eigenartige Lebens- (genauer: <u>Fortbewegungs-)art der kriechenden Schlange und ihre für den Menschen tödliche Gefährlichkeit.</u>

Für den Verfasser liegt hierin auch der Grund für zwei weitere allgemeine menschliche Erfahrungen nicht nur seiner Zeit: Die <u>Arbeit zum Lebenserwerb ist mühsam</u>, und der Fortgang des Menschengeschlechts ist in der eigentümlichen Spannung zwischen der gegenseitigen Anziehung von Mann und Frau und dem mit Schmerz verbundenen Gebären gewährleistet.

■ All das verbindet der Erzähler mit der Antwort auf die wohl grundlegendste Frage, <u>warum zwischen der so lieblich dargestellten Schöpfung im Garten Eden und der Lebenssituation seiner Zeit ein so großer Unterschied besteht,</u> wie er sich vor allem und letztlich im Tod des Menschen zeigt. Seine — zugegeben — <u>einfache Antwort ist die Geschichte vom</u> Apfel, den Adam und Eva auf Anraten einer Schlange vom falschen Baum essen. Wer immer diese Erzählung als bare Münze verstehen will, muß sich zumindest fragen lassen, ob Schlangen sprechen können ...

Freilich: Die Erzählung wurde in der Geschichte der Theologie wörtlich verstanden, und die Folgen davon sind bis heute wirksam geblieben. Da kann die Frage nach dem Gottesbild und jene nach der Sippenhaftung aber dann nicht ausbleiben. Der Text selbst gibt uns die Antwort: Gott steht zwar zu seinem Wort, das mit dem Verbot verbunden war. Aber zugleich zeigt er sich rührend bemüht um seine Geschöpfe:

> „Gott, der Herr, machte Adam und seiner Frau Röcke aus Fellen und bekleidete sie damit." (Gen 3,21)

Es wäre verhängnisvoll, wollten wir die Frage nach dem Phänomen menschlicher Schuld einzig mit der Erzählung vom sogenannten „Sündenfall" beantworten. Denn mit dem Apfel hat die Schuld des Menschen gar nichts zu tun. Die Frage danach bleibt bis heute rätselhaft, darin verbirgt sich der ganze Zwiespalt zwischen einer (guten) Schöpfung Gottes und dem irdischen, ganz anderen Erfahrungsfeld bis zum heutigen Tag. Der biblische Verfasser einer sehr frühen Zeit kleidet seine Antwort in eine Geschichte, und er nützt sie, um eine ganze Reihe für ihn problematischer Lebensfragen anzupacken.

Erneut begegnen wir erzählerischen Deutungen, die um Gott kreisen, damit Lebensrätsel gemeistert werden. Nicht die Lösung, sondern der Lösungs*weg* ist dabei das Entscheidende — das, was über die zeitbedingten Einzelheiten hinaus für uns heute bedeutsam bleibt. Darin zeigt sich, daß der Kern dieser Geschichten nicht im dargestellten Detail, sondern in den Grundgedanken liegt — hier z. B. im Verhältnis zwischen der Schuld des Menschen und seinem Tod, auch wenn letzterer nicht direkt ablesbar ist; oder zwischen dem

Gott, der seiner eigenen Weisung treu bleibt, und dem Menschen, dem aber dennoch von diesem Gott Hilfestellungen angeboten werden.

Auf dieser Ebene bleibt die Erzählung bedeutsam, auch wenn es nicht mehr um den Apfel und auch nicht mehr um Eva geht.

ANREGUNGEN ZUM WEITERDENKEN

— Setzen Sie Gen 3,15 und im Neuen Testament Offb 12,9 zueinander in Beziehung.
  Formulieren Sie die Gedanken, die hinter diesen Textabschnitten stehen.

— Kennen Sie Mariendarstellungen, die die Aussage von Gen 3,15 aufgreifen? Überlegen Sie, was diese Bilder über die Bedeutung Jesu Christi aussagen.

— Lesen Sie im Neuen Testament Lk 10,17—20. Können Sie auf religiöser Ebene eine Verbindung zwischen dem Wirken Jesu und der Sündenfallerzählung herstellen?

— Kennen Sie andere (biblische) Deutungsmodelle für Sünde und Schuld? Benennen Sie diese.

3. Die Folgen von Babel in der Bibel

„Alle Menschen hatten die gleiche Sprache und gebrauchten die gleichen Worte. ...
Der Herr sprach: Auf, steigen wir hinab, und verwirren wir dort ihre Sprache, so daß keiner mehr die Sprache des anderen versteht. Darum nannte man die Stadt Babel [Wirrsal], denn dort hatte der Herr die Sprache aller Welt verwirrt, und von dort aus hat er die Menschen über die ganze Erde zerstreut." (Gen 11,1.7.9)

Gesetzt den Fall, wir lebten im 11. Jh. v. Chr., so wüßten wir anhand dieser Geschichte vom versuchten Turmbau zu Babel, warum wir uns mit fremden Sprachen abmühen müssen. Überdies wäre uns dann klar, daß hinter dieser Tatsache — entsprechend der Vorstellungswelt der damaligen Zeit — Gott als Ursache stehe.

Dieser Gedanke bereitet uns heute vielleicht etwas Mühe. Aber wir leben ja nicht in jener fernen Zeit, und daher ist er auch nicht weiter zu verfolgen. Denn im Gegensatz zum frühen biblischen Menschen sind wir heute eher bereit, nicht alles Unverständliche sofort auf Gott abzuschieben. Aus verschiedenen Gründen haben wir heute ausreichende Erklärungen dafür, daß wir verschiedene Sprachen sprechen. Der biblische Verfasser jener Erzählung vom Turmbau zu Babel konnte diese nicht heranziehen, wenn er plausibel machen sollte, warum nicht alle Menschen auf der ganzen Welt die gleiche Sprache verwenden. Was uns heute durchaus einleuchtet, ist vor dem Hintergrund des damaligen religiösen Weltbildes ein erhebliches Problem. Die Erzählung vom Turmbau wollte es lösen.

Aber damit ist das Problem der Vielzahl der Sprachen nicht aus der Welt geschafft. Auch dem Bibelleser begegnet es in mehrfacher Hinsicht.

Zunächst lesen wir alle die Bibel in Übersetzung. Nur wenige haben die Möglichkeit, die Texte der Bibel im sogenannten „Urtext" (besser müßte man sagen: in der „Ursprache") zu lesen. Dazu wären entsprechende Kenntnisse in Hebräisch, Aramäisch und Griechisch notwendig.

Die Bibel selbst spiegelt also das Sprachenwirrsal von Babel. Die meisten Schriften des Alten Testaments sind in hebräischer Sprache entstanden. Einige wenige wurden griechisch geschrieben, und vereinzelt gibt es aramäische Texte. Dies wäre für uns, die wir die Bibel in der deutschen Übersetzung verwenden, nicht so bedeutsam, hätte die Sprachenfrage nicht bis zum heutigen Tag den Umfang der Bibel beeinflußt.

Als sich im Zusammenhang mit der Entwicklung des Christentums erstmals für die Juden die Frage stellte, welche Schriften für sie zur Bibel gehören, legten sie sich ausgangs des 1. Jh. n. Chr. auf jene Texte fest, die in hebräischer (oder aramäischer) Sprache geschrieben worden waren (vgl. dazu Kap. 33). Schriften, die in den letzten Jahrhunderten vor der Zeitenwende griechisch abgefaßt worden waren, wurden nicht anerkannt. Dies waren im einzelnen:

Das Buch Tobit	Das Buch der Weisheit
Das Buch Judit	Das Buch Jesus Sirach
Das erste Buch der Makkabäer	Das Buch Baruch
Das zweite Buch der Makkabäer	
sowie griechische Zusätze zum Buch Ester und zum Buch Daniel	

Im urchristlichen Verständnis wurden auch diese griechischen Schriften als biblische Texte herangezogen. (Sie werden z. B. im Neuen Testament ebenso wie die hebräischen Texte zitiert). Dies hängt damit zusammen, daß in der großteils oder sogar mehrheitlich griechisch sprechenden Welt der urchristlichen Gemeinden nicht hebräische Ausgaben des Alten Testaments verwendet wurden, sondern eine griechische Übersetzung.

Die bekannteste griechische Übersetzung war die sogenannte „Septuaginta" (= 70), mit vollem Titel hieß sie „Die Übersetzung der siebzig Männer". Sie war ungefähr zwischen 280 bis 150 v. Chr. für griechischsprechende Juden in Alexandria angefertigt worden. Mit dieser Übersetzung wurden auch die genannten griechisch entstandenen Schriften verbunden, so daß sich ihre Verwendung in der urchristlichen Argumentation von selbst ergab.

Erst mit der Bibelübersetzung Martin Luthers wurde das Sprachenproblem nochmals akut. Luther machte sich die ursprünglich jüdische Abgrenzung zu eigen und akzeptierte nur die hebräischen Schriften als Bestandteile des Alten Testaments, da er die Bibel ja aus der Ursprache übersetzte. Daher zog er für das Alte Testament die hebräische Textfassung und nicht andere Übersetzungen heran. Dadurch waren die griechischen Texte ausgeschieden; Luther bezeichnete sie als „Apokryphen". Dieser Begriff galt zuvor für eine größere Gruppe von Schriften, die in den Jahrhunderten um die Zeitenwende entstanden war, ohne je Teil der Bibel geworden zu sein. Diese benannte Luther nunmehr als „Pseudepigraphen". Demgegenüber bezeichnete die katholische Exegese seit der Reformation die entsprechenden griechischen Schriften als „deuterokanonisch" [= zweitkanonisch, weil sie in einer zweiten Stufe, nämlich erst durch die urchristliche Verwendung, dem Alten Testament zugerechnet worden waren].

Also ein neues Sprachen-Babel:
Die griechischen Schriften des Alten Testaments gehören

nach katholischer Auffassung als deuterokanonische Texte zur Bibel, nach protestantischer Auffassung sind sie apokryph. Was katholischerseits als apokryph gilt, ist aus protestantischer Sicht pseudepigraphisch.

Dabei haben wir aramäische Sonderfälle nicht berücksichtigt und uns nicht die Frage gestellt, welche Folgen die verschiedenen Bibelübersetzungen für das Verständnis der Texte haben ...

Man hätte den Turmbau lassen sollen.

ANREGUNGEN ZUM WEITERDENKEN

— Lesen Sie die entsprechenden Einleitungsabschnitte in Ihrer Bibelausgabe, um genauere Informationen zu diesem Problemkreis zu erhalten.

— Vergleichen Sie verschiedene Bibelübersetzungen zu einem Ihnen bekannten oder für Sie bedeutsamen Bibeltext.
Welche Beobachtungen machen Sie?
Leiten Sie aus Ihren Feststellungen allgemeine Überlegungen über den Wert, die Vor- und Nachteile einer Übersetzung ab.

4. Ein wandernder Aramäer

Schöpfung, Sündenfall, Turmbau zu Babel: Dahinter verbergen sich Gegenwartsdeutungen in Erzählungen einer nicht datierbaren Vor-Zeit. An einem bestimmten Punkt aber tritt die Darstellung der alttestamentlichen Texte in die konkrete Geschichte von Menschen. Ihr Gottesverständnis und Gottesverhältnis ist prägende Linie für die alttestamentliche Zeit und für die Großzahl der alttestamentlichen Schriften.

Dieser erste Schnittpunkt zur Geschichte ist mit Abraham erreicht. In einer sehr alten Zusammenfassung dieser geschichtlichen Anfänge heißt es in einem bekenntnishaften Text:

> „Ein wandernder Aramäer war mein Vater. Er zog nach Ägypten, lebte dort als Fremder mit wenigen Leuten und wurde dort zu einem großen, mächtigen und zahlreichen Volk." (Dtn 26,5)

Was in diesen Sätzen zusammengefaßt ist, wird ab Gen 12 in Erzählungen entfaltet. Vermutlich haben wir hier alte Familienüberlieferungen einer Nomadensippe vor uns. Darin wird die eigene Stammesgeschichte in ihren Hauptereignissen bedacht und weitergegeben. In gewissem Sinn gilt dies auch für den zitierten Text, der den Israeliten an seinen bedeutsamsten Vorfahren erinnern soll.

Aus den biblischen Angaben läßt sich in groben Zügen das Umfeld Abrahams skizzieren. Daß eine präzise Einordnung und Datierung auf Schwierigkeiten stößt, ergibt sich aus der frühen und spärlichen Quellenlage. Archäologische Befunde helfen jedoch, das mögliche Bild zu ergänzen. Die beigefügte Landkarte soll zur geographischen Einordnung helfen.

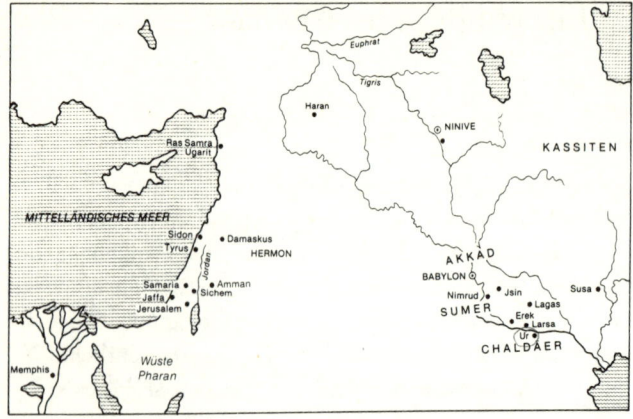

Gen 11,27—32 nennt <u>Ur in Chaldäa</u> als den <u>Herkunftsort</u> <u>Abrahams.</u> Die Stadt im Süden des Zweistromlandes gehört im 2. Jahrtausend v. Chr. zu den sumerischen Stadtkulturen um das Zentrum Lagas. Im Umfeld dieser Stadtkulturen lagern <u>aramäische Nomadenstämme</u>. Die Herkunft dieser westsemitischen Gruppen ist ungeklärt, ihre Existenz kann ab dem Beginn des 2. Jahrtausends v. Chr. belegt werden. Diese Nomadensippen sind wirtschaftlich mit den Städten verbunden und finden außerdem in ihnen Schutz. Hier wäre Abraham mit seiner Familie zu suchen.

Der ursprünglich ugaritische Name <u>Abraham</u> (in der Bibel begegnet auch die ältere Form: Abram) kann mit „<u>Vater ist</u> <u>erhaben</u>" gedeutet werden. Die Versuche einer Datierung Abrahams führen zu sehr verschiedenen Ergebnissen, generell wird man in der <u>1. Hälfte des 2. Jahrtausends v. Chr.</u> bleiben müssen. In dieser Epoche übten die Babylonier zwischen 1800 und 1680 v. Chr. den entscheidenden Einfluß in dieser Region aus: Hammurabi von Babylon (um 1792 bis 1750 v. Chr.) brachte das Zweistromland unter seine Herrschaft und gab ihm durch seine Verwaltungsreform und seine umfassende Gesetzgebung eine neue Prägung. Es wäre denkbar, daß die Geschichte vom Auszug der Familie Abrahams aus Ur (vgl. Gen 11,31) in diese politisch bewegte Zeit fällt.

Für die Darstellung in der Bibel ist jedoch nicht die exakte Datierung entscheidend. Wesentlicher ist die religiöse Bedeutung, die Abraham und seiner Familie zukommt. Mit seiner Person wird jene Zusage Gottes verbunden, durch welche auf wunderbare Weise die Existenz des israelitischen Volkes grundgelegt ist:

> „Nach diesen Ereignissen erging das Wort des Herrn in einer Vision an Abram: Fürchte dich nicht, Abram, ich bin dein Schild; dein Lohn wird sehr groß sein.
>
> Abram antwortete: Herr, mein Herr, was willst du mir geben? Ich gehe doch kinderlos dahin ... mein Haussklave wird mich beerben.
>
> Da erging das Wort des Herrn an ihn: Nicht er wird dich beerben, sondern dein leiblicher Sohn wird dein Erbe sein.
>
> Er führte ihn hinauf und sprach: Sieh doch zum Himmel hinauf und zähl die Sterne, wenn du sie zählen kannst.
>
> Und er sprach zu ihm: So zahlreich werden deine Nachkommen sein.
>
> Abram glaubte dem Herrn, und der Herr rechnete es ihm zur Gerechtigkeit an. (Gen 15,1—6)

In diesem Bild von den Nachkommen in der unüberschaubaren Zahllosigkeit der Sterne am Himmel ist das künftige Volk Israel vorgezeichnet, das aus den unscheinbaren Anfängen einer fremden Nomadensippe entstehen soll. Schon am Beginn dieser Geschichte zeichnet sich Gottes Handeln ab, der dem kinderlosen Abraham die Geburt eines Sohnes verheißt (vgl. Gen 18,10; 21,1—8).

Diesem Handeln Gottes steht die Haltung Abrahams gegenüber, die ebenfalls für die weitere Geschichte kennzeichnend wird, bzw. sein sollte: Er glaubte dem Herrn. Darin wird er für Israel (und darüber hinaus) zum Vorbild für den Menschen, der nicht an Gottes Wort zweifelt, sondern seiner Treue vertraut.

Anhand der Person Abrahams wird die Beziehung Gottes zum Menschen und des Menschen zu Gott entwickelt und dargestellt. Dies ist der Grund dafür, warum sich der glaubende Israelit stets auf diesen wandernden Aramäer besinnen und bekennen soll, daß dieser sein Vater war.

ANREGUNGEN ZUM WEITERDENKEN

— Lesen Sie Gen 11,28 — 12,10 und verfolgen Sie den Weg der Abrahamsippe auf der Landkarte.
  Überlegen Sie die Größenordnung und die Zeitdimension der hier skizzierten Wanderung.

— Lesen Sie im Neuen Testament Hebr 11,8—12. Bedenken Sie anhand dieses christlichen Textes, welche Bedeutung die Abrahamgeschichte auch für uns heute hat.

5. Die Väter hatten *einen* Gott

Mit dieser Feststellung ist bereits das Wichtigste über die Anfänge Israels in der Abrahamsippe gesagt. Anders als die Umwelt und im Unterschied zu den orientalischen Völkern hat sich die Familie Abrahams auf *einen* Gott bezogen und hat ihr eigenes Heil und Unheil mit diesem einen Gott verbunden.

Die Vielfalt der anderen Möglichkeiten ist kaum einzugrenzen. Das südliche Zweistromland der Epoche Abrahams, insbesondere Ur, galt als Kultzentrum des Mondgottes Sin. Im Ägypten jener Zeit wurde Aton, später Amon-Re als Sonnengott verehrt. Im kriegerischen Babylon war Marduk der Hauptgott, in Kanaan und Phönizien wurde dem Baal gehuldigt. Der östliche Mittelmeerraum war durch die Verehrung einer Fruchtbarkeitsgöttin unter verschiedenen Namen geprägt. In späterer Zeit gewann die neubabylonische, sowie sodann die griechische und die römische Götterwelt zunehmend Einfluß. Charakteristisch für diese religiösen Vorstellungen ist die Annahme einer großen Vielzahl von Gottheiten, meist angeführt durch eine Hauptgottheit, die der Götterversammlung im monarchischen Sinn gebietet. Den einzelnen Göttern wurden klare Funktionen zugeschrieben, die mit entsprechenden Erwartungen verknüpft waren. Sie hatten gute und böse Aufgaben und Eigenschaften, je nachdem, wie die Menschen ihr Wirken zu erfahren glaubten.

Demgegenüber gilt von der Frühzeit der israelitischen Überlieferung an: Der Gott Abrahams ist ein einziger Gott.

Dieser Gott — von einem Gottesnamen ist noch nicht die Rede — wird zunächst als eine Hausgottheit begriffen. Er ist jener Gott, der die <u>Sippe begleitet,</u> der <u>im Wohlergehen der Familie als gute Gottheit begriffen und erfahren wird</u>. Das Entscheidende dabei ist seine Einzigkeit: *Alles,* <u>was immer diese Nomadengruppe erlebt, wird mit diesem einen Gott in Verbindung gebracht</u>. Das bedeutet: Dieser Gott muß seinen Einfluß nicht teilen; zugleich aber heißt dies: Dieser Gott ist für alles, <u>für alle Lebensbereiche zuständig.</u>

Das mag für heutiges Denken allzu vereinfacht klingen. Aber beachten wir: Wir stehen in einer sehr frühen Zeit, die sich auch religiös erst entwickeln und vorwärtstasten mußte. Und dennoch: Wesentliches kommt bereits zum Vorschein:

■ Mit dem <u>Festhalten an dem einen Gott</u> ist die klare <u>Absage an andere Götter verbunden</u>. Das ist eine Vertrauensfrage, für den damaligen Menschen zugleich ein Wagnis: Alles wirft er auf diesen einen Gott. In späterer Zeit wird dies als die erste Weisung dieses Gottes formuliert werden:

„Du sollst neben mir keine anderen Götter haben!"

(Ex 20,3)

Die Auseinandersetzung um den Götzendienst begleitet Israels Geschichte bis zur Zeitenwende. Die Versuchung, sich breiter abzustützen, gleichsam nicht alles auf eine Karte zu setzen, bleibt groß. Vor allem gegenüber dem Baalskult, der im palästinischen Kanaan bodenständig ist, müssen sich die Propheten ständig abgrenzen. Aber die Götzen wechseln ihre Gesichter, jede Besatzungsmacht (Neubabylonier, Mazedonier, Syrer, Römer ...) bringt ihre Gottheiten mit.

■ Der <u>namenlose Gott wird in seinem Handeln beschrieben.</u> Er ist ein <u>lebendiger, dynamischer Gott, für die Menschen engagiert.</u> In der Besinnung auf das Wirken Gottes bleibt dieser Gott für den Menschen vorstellbar und konkret:

„Ich bin der Herr, der dich aus Ur in Chaldäa herausgeführt hat, um dir dieses Land zu eigen zu geben."

(Gen 15,7)

So ist dieser Gott charakterisiert, als er Abraham zahlreiche Nachkommenschaft verheißt (vgl. Kap. 4). Später wird dies ähnlich, aber anders heißen:

> „Ich bin Jahwe, dein Gott, der dich aus Ägypten herausgeführt hat, aus dem Sklavenhaus." (Ex 20,2)

Selbst zu einer Zeit, da Gottes Name geoffenbart ist, bleibt die Benennung seines Handelns entscheidend. Das allein charakterisiert ihn. Deshalb ist es verboten, sich Statuen und Bilder zu machen. Denn diesen Gott kann man nicht abbilden und darstellen, man erlebt und erfährt ihn in seinem Wirken. So wie er handelt, so ist er.

■ In den kleinen Anfängen der Familiengottheit ist der spätere, religiös entfaltete Eingottglaube grundgelegt. Der nomadische Ursprung dieses Denkens mag eine weitere entscheidende Eigenart begründen: Der Gott Abrahams ist nicht ortsansässig, sondern unterwegs. Er bleibt weder in Ur, noch in Haran oder Ägypten, sondern er zieht mit — wie später der Gott Israels, der in der Wüste, sodann in Kanaan, schließlich im Tempel in Jerusalem gegenwärtig ist. Er hat keine lokale Festlegung, sondern eine Bindung an den Menschen, an die Familie, die Sippe — letztlich an das glaubende Volk. Deshalb kann sich dieser Gott später dem Mose in dieser Weise präsentieren:

> „Ich bin der Gott deines Vaters, der Gott Abrahams, der Gott Isaaks, der Gott Jakobs." (Ex 3,6)

Dahinter steckt eine uralte Erfahrung durch unzählige Generationen: das Wissen um einen nahen Gott, der allein seine Hand über den Menschen, die Familie, die Sippe, das Volk hält.

ANREGUNGEN ZUM WEITERDENKEN

— Lesen Sie einzelne Abschnitte aus der sogenannten Patri-
archengeschichte (Gen 12 — 50). Beachten Sie dabei, wie
Gott als Wegbegleiter dargestellt wird.

— Aktualisieren Sie den Gedanken von einem Gott, der unterwegs ist, in unsere Zeit oder in Ihr Leben: Wie würde
eine solche Umschreibung heute lauten:
Ich bin der Gott, der ...

6. Ich bin JAHWE

Der Name einer Person hat für den orientalischen Menschen im Altertum eine besondere Bedeutung. Er vermittelt einen ersten Zugang zu einem Menschen. Vielfach erschließt der Name das Wesen und die Eigenart des Benannten. In der Bibel und im außerbiblischen Bereich stoßen wir immer wieder auf sogenannte „Deutenamen", die besonders klar diese Funktion des Namens zeigen (der bekannteste ist wohl „Kephas"/„Petrus" für Simon, den Jünger Jesu). Im Alten Testament heißt es bei Kindern oft:

„Er/Sie nannte ihn ..., denn ...".

(z. B. Gen 16,11; 29,32.34.35; 30,6.8.18.20.24)

Diese Bedeutung des Namens zeigt sich auch im religiösen Bereich. Aufgrund der Kenntnis des Namens kann eine Gottheit angesprochen oder kann ein Dämon in seiner Kraft gezähmt und überwältigt werden. Wir kennen dies aus dem weltlichen Umfeld: Wessen Name ich kenne, auf den kann ich mich berufen.

Gerade dieses letztere spielt bei der Erzählung über die Selbstkundgabe des Gottesnamens eine große Rolle. Schon im 5. Kap. ist der entscheidende Text kurz angeklungen: Mose wird von Gott aufgefordert, die Israeliten aus Ägypten zu befreien.

„Da sagte Mose zu Gott: Gut, ich werde also zu den Israeliten kommen und ihnen sagen: Der Gott eurer Väter hat mich zu euch gesandt. Da werden sie mich fragen: Wie heißt er? Was soll ich Ihnen darauf sagen?

Da antwortete Gott dem Mose: Ich bin JAHWE. ...

Weiter sprach Gott zu Mose: So sag zu den Israeliten:

JAHWE, der Gott eurer Väter, der Gott Abrahams, der Gott Isaaks und der Gott Jakobs, hat mich zu euch gesandt. Das ist mein Name für immer, und so wird man mich nennen in allen Generationen." (Ex 3,13—16)

Über den Namen JAHWE wurde in der Forschung viel gerätselt. Vermutlich ist der Name bereits für eine Gebirgsgottheit gebräuchlich gewesen, die im Süden Palästinas von Nomaden verehrt wurde (vgl. dazu Kap. 8). Aus diesem Grund ist im Textzusammenhang auch von der Verehrung Gottes auf einem Berg die Rede (vgl. Ex 3,12). Schwierig ist die Deutung des Gottesnamens. In den Übersetzungen finden sich für Ex 3,14 verschiedene Übertragungsversuche:

Ich-bin-da	Einheitsübersetzung
Ich werde dasein, als der ich dasein werde	Martin Buber
Ich werde sein, der ich sein werde	Martin Luther
Ich bin, der ich bin	Vinzenz Hamp
Ich bin der Ich-bin	Diego Arenhoevel/ Alfons Deissler
Ich bin, der ich bin	Joseph Franz Allioli

Dabei zeigt sich erneut, daß dieser Gott in seinem Handeln, in seinem Da-Sein, identifiziert wird. Einige Merkmale sind besonders charakteristisch:

■ Bestimmend für diesen Gott JAHWE ist seine absolute Zusage. Seine Existenz ist auf den Menschen ausgerichtet; Gott wird *da* sein, nicht irgendwo.

■ Diese Gegenwart Gottes bei dem Menschen und für den Menschen ist auf Zukunft hin gedacht: Ich *werde* ... Damit klingt Treue und Zuverlässigkeit an. Der Gott, der sich als ein Gott JAHWE offenbart, ist kein wankelmütiger Gott. In seiner Identitätsbestimmung bleibt er unveränderlich, ist er in alle Zukunft derselbe.

■ Als ein Gott, der sich in dieser Weise selbst benennt, ist er überdies ein „gebundener" Gott. Er <u>legt sich in seinem Verhältnis gegenüber dem Menschen ein für allemal fest</u>: So soll es aus seiner Sicht immer bleiben (vgl. dazu auch Kap. 25).

Auf diesen Gott kann Mose, kann Israel, ja kann der Mensch überhaupt bauen. Dieser Name als Charakterisierung Gottes bietet die Grundlage für Vertrauen und Glauben. Im Zusammenhang der alttestamentlichen Epochen wird darin auch die Frühzeit nochmals gedeutet. <u>Die Gottheit, die Abraham und die Väter erfahren haben, ist eben jener Gott, dessen Wesen durch den Namen JAHWE bestimmt ist.</u>

In der wissenschaftlichen Auslegung der Bibel hat sich eine ausführlichere Umschreibung des Gottesnamens eingebürgert. Sie geht über eine Übersetzung zwar hinaus, verdeutlicht dafür aber die wesentlichen Elemente von JAHWE:

Ich bin, der — für euch
                      — dasein
                      — wird.

Damit ist eine Grundlinie, ein roter Faden für das Gottesverständnis der gesamten Bibel skizziert. Vielfach wird es im Alten sowie im Neuen Testament konkretisiert und entfaltet. Ohne Schwierigkeit läßt es sich aber auf die genannten Momente zurückführen: auf Gottes Hinwendung zum Menschen; auf Gottes mitwirkende Anwesenheit; auf Gottes Treue in alle Zukunft.

ANREGUNGEN ZUM WEITERDENKEN

— Lesen Sie Gen 1,26—27 oder Num 6,22—27. Finden Sie darin den Gottesnamen JAHWE gerechtfertigt?

— Setzen Sie folgende religiöse Aussagen in Beziehung zum Gottesnamen JAHWE: Schöpfung, Abraham, Auszug aus Ägypten, Menschwerdung Jesu.

— Führen Sie — wenn möglich — diesen Gedanken weiter zu den Markierungspunkten Ihres Lebens.

7. Das Sklavenhaus Ägypten

Ägypten gehört zu den ältesten Kulturträgern des Orients. Schon um 2850 v. Chr. wird mit der Vereinigung von Ober- und Unterägypten das Alte Reich gegründet. Bereits in dieser Epoche werden die ersten Pyramiden errichtet.

Mit dem Beginn der politischen Dezentralisierung beginnt um 2000 v. Chr. das Mittlere Reich. Gegenüber der Blütezeit des 3. Jahrtausends ist es von politischen Zerfallserscheinungen geprägt. Um 1750 v. Chr. (spätestens 1730) reißen die Hyksos die Herrschaft an sich. Diese waren ein semitisches Reitervolk, das zuvor als Söldner in ägyptischen Diensten gestanden hatte. Die verachtende Bezeichnung als „asiatischer Aussatz" in späteren ägyptischen Texten läßt auf ihre Herkunft schließen.

Um 1580 gelingt Ahmose die Vertreibung der Hyksos und die Errichtung des Neuen Reiches. Als Reaktion auf die erduldete Fremdherrschaft steigt die Feindlichkeit gegenüber allen Fremden. Sie werden unterdrückt und als Sklaven zu Frondiensten herangezogen. Die so entstehenden monumentalen Bauwerke unterstreichen die politische, kulturelle und religiöse Position Ägyptens.

Unter den Pharaonen des Neuen Reiches ist Ramses II. (1301—1234 v. Chr.) der bedeutendste. Während seiner Regierungszeit hat das Reich seine größte Ausdehnung. Ramses errichtet die neue Residenzstadt Pi-Ramses an einem östlichen Nilarm und verbindet damit die Absicherung der Reichsgrenze. Für diese gewaltigen Bauvorhaben muß er ebenfalls Fronknechte aus der nicht einheimischen Bevölkerung zur Zwangsarbeit heranziehen. Am Beginn der Moseerzählung setzt der biblische Verfasser dies mit den Nachkommen Abrahams in Beziehung:

> „In Ägypten kam ein neuer König an die Macht, der Josef nicht gekannt hatte. ...
>
> Man setzte Fronvögte über sie [die Israeliten] ein, um sie durch schwere Arbeit unter Druck zu setzen. Sie mußten für den Pharao die Städte Pitom und Ramses als Vorratslager bauen." (Ex 1,8.11)

Jene Vorfahren der Israeliten, die als Nachkommen Abrahams sich später um Mose scharen, kamen mit größter Wahrscheinlichkeit im Zuge der sogenannten „aramäischen Wanderung" (ab 1400 v. Chr.) nach Ägypten. Auf der Suche nach guten Weideplätzen setzte in dieser Zeit unter den semitischen Halbnomaden eine große Wanderbewegung ein. Es wäre möglich, daß die Überlieferung über den Patriarchensohn Josef (vgl. Gen 37 — 50) sich in die frühere ägyptische Geschichte einordnen läßt: Wenn mit den Hyksos Semiten die Macht in Ägypten innehatten, wäre es vorstellbar, daß ein ebenfalls semitischer Nomade die hohe Stelle des Vizekönigs einnehmen konnte. Das konnte auch die Attraktivität Ägyptens für die herumziehenden Nomadenstämme erhöhen, wenngleich sich die politischen Verhältnisse geändert hatten.

Die Dauer des Aufenthalts der Nomaden in Ägypten läßt sich nicht abgrenzen. Teilweise wurden sie von der einheimischen Bevölkerung assimiliert, teilweise fanden sie in der Zwangsarbeit den Tod. Vereinzelt gelang ihnen die Flucht — wie der Gruppe um Mose. Sie zogen davon, weil Ägypten für sie zu einem „Sklavenhaus" (Ex 13,3) geworden war.

ANREGUNGEN ZUM WEITERDENKEN

— Vergegenwärtigen Sie sich die Bauwerke des alten Ägypten: Pyramiden, Tempel, usw.
Überlegen Sie, mit welchen Hilfsmitteln diese errichtet wurden: Was bedeutet in dieser Situation Frondienst und Zwangsarbeit?

— Lesen Sie Gen 41 — 45. Ordnen Sie die Erzählung in den skizzierten Geschichtsverlauf ein.

8. Ein Mann namens Mose

Wohl eine der wichtigsten Gestalten der israelitischen Geschichte trägt einen ägyptischen Namen: m's's bedeutet
„Kind", „Sohn" und begegnet im Namen zahlreicher ägypti-
scher Persönlichkeiten: Ah-mose, Tut-mose, Ra-m'ses, usw.

Dennoch ist Mose ohne Zweifel semitischer Herkunft.
Daß Kinder der Semiten und ägyptische Kinder gemeinsam
erzogen wurden, war nicht unüblich. Das könnte auch zur
Namensgebung geführt haben. Der biblische Verfasser erklärt dies mit der Erzählung von der Errettung des Knaben
vor dem Ertrinkungstod und leitet davon auch den Namen
des Kindes ab (vgl. Ex 2,1—10).

Genaueres über das Leben des Mose können wir nur erschließen. Seine gute Kenntnis der Halbinsel Sinai läßt vermuten, daß er sich längere Zeit dort aufgehalten hat. Dadurch erhält die biblische Erzählung entsprechende Glaubwürdigkeit (vgl. Ex 2,15—22). Daß die Rache an einem ägyptischen Vogt der Auslöser dafür war (vgl. Ex 2,11—14), wäre
durchaus denkbar.

Während seines Aufenthaltes im Sinaigebiet und seiner
Weidetätigkeit lernt Mose offensichtlich das ägyptische
Grenzgebiet genau kennen — was ihm später zugute kommt.
In dieser Zeit erfährt Mose in der Offenbarung Gottes im
brennenden Dornbusch seine Berufung und Sendung: Im
Namen des Gottes Jahwe soll er die Unterdrückten aus
Ägypten führen.

Rein äußerlich gesehen war der Auszug aus Ägypten, der
sogenannte „Exodus" [wörtlich: Weg heraus], ein ungeheuer
gewagtes Unternehmen. Es galt zunächst, der ägyptischen

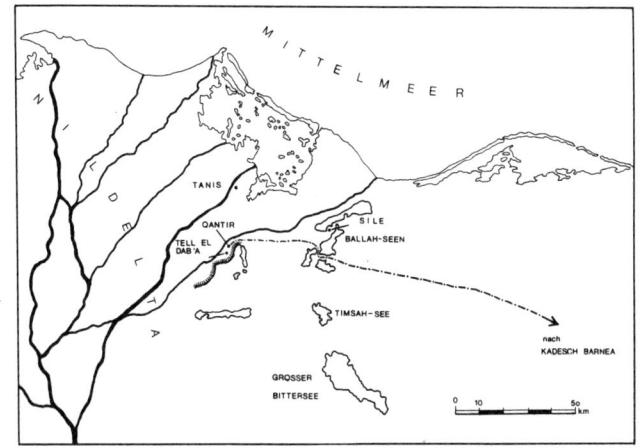

Bewachung zu entkommen, sodann, sich in der Wüste zurechtzufinden. Schon deswegen ist es verständlich, daß der Name des Anführers einer solchen gelungenen Flucht unvergeßlich blieb. Zusätzlich berief er sich auf seinen Gott Jahwe und deutete Unheilzeichen als Strafe seines Gottes für die Ägypter. Vermutlich handelte es sich dabei um eine Pestepidemie, welche der biblische Verfasser später erzählerisch in die „ägyptischen Plagen" ausgeweitet hat (vgl. Ex 7,1 — 11,10).

Gegenüber der vom Erzähler unterstützten Vorstellung eines Volksauszugs muß man wohl eher an die Flucht einer kleineren Gruppe denken, die vorwiegend aus den Nachkommen der Abraham-Isaak-Jakob-Sippe zusammengesetzt war. Die Gefahren der Flucht sind aus Papyrusaufzeichnungen bekannt, die aus der Epoche Ramses II. gefunden wurden: Auf mißlungene Flucht stand lebenslängliches Arbeitslager. Konnte der Flüchtling nicht aufgegriffen werden, wurde seine Familie zur Rechenschaft gezogen.

Der Weg der Flucht ist kaum mehr zu rekonstruieren. Verschiedene biblische Verfasser haben unabhängig voneinander ihre Auffassung dieses Geschehens niedergeschrieben. Vermutlich führte die Flucht über einen alten Wüstenpfad, den Mose aus seinem früheren Aufenthalt in dem Gebiet gekannt haben könnte. Die Karte zeigt die wahrscheinlichste Rekonstruktion. Besonders der Weg zwischen den Ballah-Seen erforderte genaue Ortskenntnis. Danach konnte der Karawanenweg zur Oase Kadesch benützt werden. Ob dies dann tatsächlich geschah, kann aufgrund der weiteren Wegbeschreibungen in der Bibel (vor allem aufgrund der Dauer des Wüstenzuges) nicht gesagt werden.

Wegen seiner politischen Durchschlagskraft, die in Beziehung zum Handeln des Gottes JAHWE stand, wurde Mose auch zur religiösen Leitfigur. Für die alttestamentliche Überlieferung galt er als der Prophet schlechthin (vgl. Dtn 18,15). Seine Bedeutung ist untrennbar mit den ersten fünf Büchern der Bibel verbunden, die nach alter jüdischer Auffassung als „fünf Bücher Mose" aus seiner Feder entstanden sind (vgl. dazu Kap. 24). Dahinter verbirgt sich die Stellung des Mose als religiöse Führungsautorität. Durch sein Wirken hat er die Grundlage für den religiösen und politischen Bestand des Volkes Israel gelegt.

ANREGUNGEN ZUM WEITERDENKEN

— Lesen Sie Ex 3,1—6. Wo sonst gibt sich Gott dem Menschen auf einzigartige Weise zu erkennen?

— Können Sie Parallelen zwischen der Person des Mose und einer Persönlichkeit der urchristlichen Zeit benennen?

— Lesen Sie im Neuen Testament Apg 7,20—37. Wie wird die Person des Mose in diesem Rückblick dargestellt?

9. Mirjam singt dem Herrn ein Lied

„Damals sang Mose mit den Israeliten dem Herrn dieses
Lied. ...
Mirjam sang ihnen vor:
Singt dem Herrn ein Lied,
denn er ist hoch und erhaben!
Rosse und Wagen warf er ins Meer." (Ex 15,1.21)
Damals — das war, als der Exodus geglückt war. Von Mirjam,
der Schwester des Mose, ist die kurze Strophe überliefert,
kunstvoll und rhythmisch. Im hebräischen Text hat das Lied
lediglich neun Worte.

Die Begebenheit, die im einzelnen besungen wird, läßt
sich nicht genau rekonstruieren. Was zuvor im Durchzug
durch das Meer ausführlich erzählt wird, ist hier knapp er-
wähnt. Dahinter steht die Erinnerung an das Entkommen
vor den Verfolgern des Pharao durch die Wasser, trotz der
Übermacht der Krieger und ihrer Kriegsausrüstung.

Aber vor allem entscheidend ist: Gott wird besungen, der
Gott Jahwe wird als Herr gepriesen, denn — so lautet der Te-
nor des Gesangs — *er* hat diese Rettung gewirkt. In der Überwindung der nachstellenden Ägypter hat er sich als „hoch
und erhaben", als machtvoll erwiesen, hat also ernst gemacht
mit der Zusage seines Namens: JAHWE — Ich werde dasein
(vgl. Kap. 6).

Mit großer Übereinstimmung wird dieses Lied der Mirjam
heute in der Forschung als eines der ältesten Texte des Alten
Testaments datiert, als ein Stück ganz ursprünglicher Überlieferung also, nahe am Geschehen, in seiner Unmittelbarkeit
ein beeindruckendes Zeugnis. Daß es von einer Frau stammt,

unterstreicht diese Einschätzung — kaum hätte man das Lied in späterer Zeit Mirjam zugeschrieben.

Die Bibel berichtet ausführlich über den Weg durch die Wasser, der den Fliehenden gelingt, den Verfolgenden aber zum Verhängnis wird (vgl. Ex 13,17 — 14,31). Angesichts des anzunehmenden Fluchtweges ist es leicht vorstellbar, daß die Ägypter im Bereich der Ballah-Seen zu Tode kamen. In der biblischen Darstellung ist charakteristisch, daß das gesamte Geschehen, auch das Handeln des Mose, auf Gott und seine Initiative zurückgeführt wird.

Dies gilt nicht nur für das Gelingen des Fluchtweges, sondern auch für den Ablauf des Exodusgeschehens. In der Erzählung heißt es immer wieder:

„Der Herr sprach zu Mose: ...“

Besonders deutlich wird dies bei der Feier des Paschafestes. Aus der Sicht des biblischen Erzählers (vgl. Ex 12) wird dieses Hirtenfest in unmittelbaren Zusammenhang mit dem Kindersterben in Ägypten und mit der Flucht gebracht. Die Anweisungen für die (spätere) Feier werden auf Gott selbst zurückgeführt: In bestimmter Weise muß ein einjähriges Böcklein geschlachtet und verzehrt werden, aufgrund seiner Verknüpfung mit dem Auszug hat dieses Mahl herausragenden Charakter. Die Vorschriften dafür erhalten so besondere Verbindlichkeit, und das Fest selbst wird außergewöhnlich bedeutungsvoll.

Im Lied der Mirjam wird das Gelingen der Flucht aus dem Sklavenhaus Ägypten als die maßgebliche Großtat Gottes gedeutet. Die Gewißheit, daß darin *Gottes* Machttat zu erkennen war, prägt das weitere religiöse Denken. Zugleich macht es aus der geflohenen Gruppe eine Einheit: Es ist die Gemeinschaft jener Menschen, die vom Handeln ihres Gottes JAHWE im Exodus überzeugt sind.

Das hat nicht nur Bedeutung für den Augenblick. Mehrfach wird schon in der Erzählung über den Auszug darauf hingewiesen, daß Israel diese Tat Gottes nie vergessen darf:

„Mose sagte zum Volk:

Denkt an diesen Tag, an dem ihr aus Ägypten, dem Sklavenhaus, fortgezogen seid; denn mit starker Hand hat euch der Herr von dort herausgeführt." (Ex 13,3)

„Als Israel sah, daß der Herr mit mächtiger Hand an den Ägyptern gehandelt hatte, fürchtete das Volk den Herrn." (Ex 14,31)

In der Befreiung aus Ägypten erfährt die Mosegruppe erstmals und lebensrettend, was der Gott JAHWE für sie bedeutet. Damit ist eine Erfahrens- und Glaubensgrundlage für Jahrtausende geschaffen.

ANREGUNGEN ZUM WEITERDENKEN

— Lesen Sie Ps 78, bes. 78,12—16 oder Ps 105,23—45, Ps 136,10—15, aber auch Ps 106,6—12 als Beispiele dafür, wie die Überlieferung über den Auszug in der religiösen Literatur weiterlebte.

— Lesen Sie Ps 114: Wie wird das Auszugsgeschehen in diesem Gebetstext gedeutet?

10. Die Weisung in der Wüste

Der Weg durch die Wüste hat in der religiösen Geschichte Israels eine besondere Bedeutung. Die Wüste wird immer als ein Ort der Grenzerfahrung erlebt: als ein Ort der Gottesnähe, zugleich im täglichen Mühen um das Überleben auch als Ort der Bedrohung und sodann der Gottverlassenheit, der Verzweiflung und der Gottferne. Von beiden Momenten berichten uns die biblischen Verfasser. Das Jammern der Menschen versteigt sich auch rückblickend zu dem Wunsch, doch bei den „Fleischtöpfen Ägyptens" zu sein (vgl. Ex 16,3). Gott muß Nahrung vom Himmel senden und Wasser aus dem Felsen quellen lassen (vgl. Ex 16,11—31; 17,1—7), um die Unzufriedenen von seiner Vollmacht zu überzeugen.

In der täglichen Fürsorge und in der Führung durch die Wüste erfahren die Geflohenen aber zugleich immer neu Gottes Gegenwart. Konsequent spricht der Erzähler vom „Volk", das durch die Wüste zieht. Damit macht er ihre Zusammengehörigkeit untereinander und vor Gott deutlich.

Dieser Gedanke der (neuen) Gemeinschaft ist ein ganz wichtiges Charakteristikum der Wüstenzeit. Im Verhältnis zu Gott zeigt es sich in zwei Bereichen:

■ Das Volk erfährt sich ganz besonders als Volk seines Gottes JAHWE. Im sogenannten Bundesschluß kommt dies erstmals zum Ausdruck (vgl. Ex 24). Dieses Selbstverständnis, Volk Gottes zu sein, bleibt ein Grundgedanke für die gesamte biblische Zeit (vgl. dazu genauer in Kap. 25).

■ Die Zugehörigkeit zu Gott ist für das Volk darin lebbar, daß es die Weisung seines Gottes erfährt und sie zur eigenen Lebensgrundlage macht, bzw. machen soll.

Wir sprechen in diesem Zusammenhang gerne von den „Zehn Geboten", die Bibelwissenschaftler verwenden den Begriff „Dekalog" [deka › zehn; log(os) › Wort: → zehn Worte]. Ihr Text ist zweimal in der Bibel enthalten: Ex 20,1—21 und Dtn 5,6—21. Die biblische Überlieferung unterstreicht mit dem Hinweis darauf, daß Gott selbst die Gebote auf Steintafeln geschrieben hatte (so Dtn 6,22), die Bedeutung dieser Weisungen. Zugleich wird damit betont: Diese Vorschriften entstammen nicht menschlichem Denken, sondern sie kommen von Gott. Daher haben sie höchste Autorität.

Besondere Beachtung verdient der „Titel" dieser Weisungen, also jene Überschrift, welche die Grundlage dafür ausdrückt, warum Gott solche Gebote erlassen kann:

„Ich bin JAHWE, dein Gott, der dich aus Ägypten geführt hat, aus dem Sklavenhaus: ..." (Ex 20,2 = Dtn 5,6)

Wir sehen also: Der „Anspruch" Gottes, sein „Rechtstitel" gegenüber dem Volk leitet sich aus seinem Handeln im Exodus ab. Dies ist die Grundlage für sein weiteres Verhalten gegenüber dem Volk Israel. Die nachfolgenden Weisungen sind also aus dieser positiven Grundhaltung zu verstehen. Es geht dabei nicht um Einschränkungen, sondern um positiv gedachte Leitlinien, die es den Menschen ermöglichen sollen, mit ihrem Gott zu leben und Gemeinschaft zu pflegen. Deshalb ist auch der Begriff „Weisung" passender als „Gebote". Hier wird der Weg mit und zu Gott gewiesen, und diese Weisung ist vor allem von Gott gut gemeint.

Im einzelnen beziehen sich die ersten drei Weisungen auf das unmittelbare Verhältnis zu Gott. Sie sind mit erläuternden Begründungen versehen. Diese unterstreichen die Einzigkeit und die Hoheit Gottes und rufen das bisherige Handeln Gottes in Erinnerung.

Die übrigen Weisungen haben den Umgang der Menschen untereinander zum Inhalt. Die geforderte Ehrfurcht vor den

Eltern ist — als einzige unter den Weisungen — mit einer Zusage verbunden (vgl. Ex 20,12; Dtn 5,16). Darin spiegelt sich die Bedeutung der Sippengemeinschaft. Die Wahrung des Eigentums prägt die 7., 9. und 10. Weisung. Teilweise wird der Geltungsbereich auch auf die Fremden ausgeweitet, die in der Volksgemeinschaft leben — Zeichen dafür, daß aus einer späteren Lebenssituation rückblickend formuliert wurde.

Der Dekalog ist nicht einfach als Zielvorstellung zu verstehen. Gerade der Erzählzusammenhang im Buch Exodus verweist auf seine Bedeutung als Grundlage des Bundes, den Gott mit der Mosegruppe schließen will (vgl. Ex 19 — 24). Darin und in den weiterführenden Bestimmungen wird zugleich für alle Zeiten festgelegt: Der hier Weisungen erläßt, ist nicht ein Mensch, sondern Gott selbst. In der Gabe des Dekalogs in der Wüste wird das spätere Selbstverständnis Israels grundgelegt. Denn so kann es sich als Volk verstehen, das von Gott, nicht von Menschen geleitet und regiert wird.

ANREGUNGEN ZUM WEITERDENKEN

— Vergleichen Sie Ex 20,8—11 mit Dtn 5,12—15. Erklären Sie die verschiedenen Begründungen für das Sabbatgebot.

— Lesen Sie im Neuen Testament Röm 13,8—10. Begründen Sie für die einzelnen Weisungen genauer, was Paulus hier generell behauptet.

11. Geschichte als Heils-Geschichte

Dieses Kapitel hätte auch als erstes in diesem Buch stehen können.

Denn es mag sein, daß Sie sich bei der bisherigen Lektüre Fragen gestellt haben:

Die einen mögen sich überlegt haben, ob denn das alles so zuträfe, wie es in den genannten biblischen Texten steht und wie es bisher erzählt wurde: das über die Schöpfung, den Turmbau zu Babel, über den Sündenfall, den Auszug aus Ägypten ...

Die anderen mag die Art und Weise betroffen gemacht haben, in der manche biblische Erzählungen relativiert wurden: nicht protokollartiger Bericht, sondern Erzählung; nicht Volk Israel, sondern Gruppe um Mose ...

Höchste Zeit also, dem Problemfeld etwas auf den Grund zu gehen.

Das Wichtigste ist vorwegzunehmen: Die Bibel ist kein Geschichtsbuch, sondern ein Geschicht*en*buch. Das bedeutet: Hier werden Geschichten erzählt, alte Überlieferungen aufgenommen und zusammengestellt und dem Leser und der Leserin als eine Zusammenschau, eine erzählerische Einheit vorgelegt. Dadurch kann sich der verfälschende Eindruck ergeben, hier läge eine lückenlose Darstellung vor, überdies noch eine, die Anspruch auf historische Glaubwürdigkeit hat. Diese Vorstellung verfestigt sich noch dadurch, daß in vielen Erzählungen zahlreiche Einzelheiten zur Sprache kommen. Diese erachten wir auch sonst bei Erzählungen als Kennzeichen dafür, daß etwas „echt" oder zutreffend dargestellt wird.

Aber um einem Mißverständnis gleich vorzubeugen: Ein „Geschichtenbuch" — damit ist nichts Abwertendes gesagt. Die Bezeichnung soll uns lediglich der Eigenart der Texte auf die Spur bringen: Viele Verfasser formulieren in Geschichten das Verhältnis und die Erfahrung des Menschen mit seinem Gott. Ohne Zweifel liegt hinter vielen Texten ein historischer Kern — alte Episoden und Erfahrungen, die nun in der Erzählung in ganz bestimmter Weise ausgedeutet und pointiert weitergegeben sind: So werden rätselhafte Menschheitserfahrungen erzählerisch gedeutet — wie z. B. die Erfahrung von Schuld und Tod. Oder so wird aus der Mosesippe in der Exoduserzählung urplötzlich das ganze Volk Israel. Das ist dann nicht einfach eine Übertreibung. Mit dieser Ausweitung schafft der Erzähler die Brücke zwischen seiner Zeit, seinen Adressaten und jener früheren Epoche, über die er spricht.

Wir müssen also wohl unseren Zugang zur Bibel überprüfen und unsere Grundhaltung der Eigenart dieser Schriften anpassen — nicht umgekehrt! Dabei begegnet uns immer wieder die Vorstellung der Deutung oder der Erklärung von Geschichte:

Zur entscheidenden Eigenart der biblischen Gotteserfahrung gehört es, daß Gott sich in geschichtlichen Augenblicken offenbart. Dies kann nicht immer direkt aus dem Geschehen abgelesen werden, sondern es bedarf der *Deutung* aufgrund eines gewissen Vorverständnisses und einer persönlichen Grundhaltung; generell kann man sagen: einer glaubenden Grundhaltung. Ein ganz grundlegendes Beispiel dafür haben wir bereits bedacht: Im Gelingen der Flucht aus Ägypten erfährt die Mosesippe Gott glaubwürdig als Gott JAHWE (vgl. Kap. 8 und 9). Das prägt dann natürlich die Darstellungsweise, Gott wird zum überragenden, handelnden Subjekt der gesamten Erzählung.

Was sich an diesem Beispiel zeigt, bestimmt die gesamte biblische Darstellungsweise. Geschichtliches Erleben wird unter dem glaubenden Gesichtspunkt gedeutet, daß Gott, der Gott JAHWE, hier am Handeln ist. Zugleich erfährt der biblische Verfasser, daß dieser Gott gegenüber den Menschen, die auf ihn vertrauen, gut handelt — dies gilt für den einzelnen wie für die Gruppe, das Volk. Geschichtliches Geschehen wird als Ausdruck des Heilswillens dieses Gottes erfahren, es wird als solches dargestellt und weitererzählt.

In einem solchen Fall ist nicht die historische Genauigkeit das oberste Kriterium. Maßgebend ist dann vielmehr, daß die Darstellungsweise die Überzeugung des Erzählenden vermitteln kann. Denn es geht nicht um das geschichtliche Faktum, sondern darum, was es — aus der Sichtweise eines an den Gott JAHWE glaubenden Menschen — ausdrücken kann. Deswegen wird es ja erzählt.

Geschichte wird also als Geschichte des Heils und der Rettung, eben als Heilsgeschichte verstanden. Weil nach dem antiken Weltbild nichts geschieht, ohne daß die Gottheit oder die Götter dahinterstehen, kann das, was der Mensch erlebt, gar nicht anders aufgenommen werden.

Die ursprünglichen Überlieferungen, auf welche die biblischen Verfasser zurückgreifen, sind freilich sehr verschieden. Neben den Familiengeschichten, denen wir in der Abrahamerzählung bereits begegnet sind, neben den verschiedenen Überlieferungen aus der ägyptischen Zeit und der Wüstenwanderung gibt es auch Kriegsgeschichten, Lebens- und Handlungsbeschreibungen einzelner Menschen, Gebetsliteratur, Lebensweisheit, die Darstellung prophetischen Wirkens, usw. ... Bei aller Verschiedenheit bleibt aber die eine grundsätzliche Absicht: Hinter dem Geschehenen nach dem Handeln Gottes zu suchen und es in der Erzählung darzustellen.

In der Geschichtsschreibung Israels können wir nach den fünf Büchern Mose zwei große Geschichtsdarstellungen erkennen, die aus verschiedener Zeit stammen. Sie versuchen jeweils, aus dem Verständnis ihrer Epoche heraus im geschichtlichen Rückblick das Wirken Gottes zu erkennen und zu beschreiben (zur folgenden Nennung der Schriften vgl. auch die Aufzählung im Anhang).

■ Das *deuteronomistische* Geschichtswerk wurde im 6. Jh. abgeschlossen. Es umfaßt die Schriften Jos, Ri, 1 Sam, 2 Sam, 1 Kön und 2 Kön. Seine Geschichtsdarstellung ist geprägt von der Zerstörung Jerusalems und den in dieser Epoche versuchten religiösen Reformen (vgl. Kap. 21).

■ Das *chronistische* Geschichtswerk entstand in der nachexilischen Zeit bis in das 2. Jh. v. Chr. Es besteht aus den Schriften 1 Chron, 2 Chron, Esra, Neh. Sein Geschichtsverständnis ist von der Bundeserneuerung und von der im und nach dem Exil erfahrenen Bundestreue Gottes geprägt.

In all diesen Schriften gilt: Geschichte als *Heils*geschichte. Das ist vielleicht eine ungewohnte Lesebrille, aber wir müssen sie zur Hand nehmen. Sonst sehen wir bei aller vermeintlichen Genauigkeit des Blickes unscharf und verstellen uns im Suchen nach dem geschichtlichen Moment den Blick für das Wesentliche — eben das *Heils*-Geschichtliche.

ANREGUNGEN ZUM WEITERDENKEN

— Überlegen Sie, welche Absicht hinter der Darstellung der Schöpfungserzählungen steht. Formulieren Sie für beide Abschnitte heils-geschichtliche Schwerpunkte.

— Deuten Sie die Geschichte Ihres eigenen Lebens unter dem Blickwinkel der von Gott gewirkten *Heils*geschichte.

12. Kann Gott Kriege gewinnen?

Was wir soeben grundsätzlich ein wenig bedacht haben, darauf können wir anhand der vorliegenden Frage die Probe machen. Die Fragestellung ist nicht rein theoretisch; sie stellt sich jedem, der kritisch die alttestamentlichen Schriften liest.

Das Problem begegnet spätestens bei den biblischen Erzählungen über die Besetzung des Landes Kanaan (vgl. besonders Jos 1 — 12). Aber bereits in den Patriarchenerzählungen ist von kriegerischen Auseinandersetzungen die Rede, und diese begleiten die Geschichte Israels bis zu seiner Zerstreuung im 6. Jh. v. Chr., ja auch danach.

In all diesen Erzählungen läßt sich ein bestimmtes Darstellungsschema herauskristallisieren. Es ist deshalb beachtenswert, weil es eine auf den ersten Blick überraschende Deutung des göttlichen Wirkens miteinschließt: Gehen kriegerische Auseinandersetzungen verloren, so wird dies als Strafe Gottes empfunden, die insbesondere dann eintritt, wenn sich das Volk von seinem Gott JAHWE abgewandt hat. Das ist eine Auffassung, die zwar heute kaum mehr in dieser Unmittelbarkeit geteilt wird, die aber durchaus nachvollziehbar ist.

Aber vor allem der gegenteilige Schluß ist ebenfalls üblich. JAHWE ist der große mächtige Gott, der sich in den Kriegen Israels als machtvoll und siegreich erweist.

Bestimmend ist dies zunächst bei der sogenannten Landnahme. Aus historischer Sicht stehen wir dabei in der Epoche des ausgehenden 13. bis zum 11. Jh. v. Chr. Die Mosesippe, die nach Kanaan gelangt, bringt teils durch friedliche Unterwanderung, teils durch Verträge mit der bodenständigen Bevölkerung (hauptsächlich Philister und unabhängige Stadtstaaten) und teils durch Eroberungskriege das Land unter Kontrolle. Die theologische Darstellung und Rede darüber stellt dabei Gott in den Vordergrund. Er gab das verheißene Land, und er überwand die Feinde — so wie er seinerzeit die fliehende Moseschar vor den Ägyptern gerettet hatte.

In unserem Gottesverständnis sträubt sich da etwas. Kann Gott Kriege gewinnen? Das Klischee vom rachsüchtigen Gott drängt sich auf, und überdies kommen theologische Fragen: Wie kann der Gott aller Menschen so parteiisch sein, sich auf die Seite nur einer der kriegführenden Parteien stellen — noch dazu, wenn diese einen Eroberungsfeldzug führt! — und ihr zum Sieg verhelfen?

Auf den ersten Blick haben solche Fragen und Einwände ihre Berechtigung. Für das genauere Hinsehen aber müssen zwei Dinge beachtet werden:

■ Zunächst ist zu fragen: Ist die angenommene Denkweise nicht allzu sehr von heutigen Vorstellungen bestimmt? Wir übertragen unbesehen unser Gottesbild des 20. Jh. n. Chr. in eine Zeit, die ca. 3000 Jahre zurückliegt. Dabei setzen wir nicht nur unsere Denkweise und Vorstellungswelt, sondern vor allem auch unseren Stand der Gotteserkenntnis voraus. Gerade das aber ist unzulässig. Der Mensch unserer Zeit kann sich mit einem kriegerischen Gott nicht anfreunden. Der Nomade, dessen Gedeih und Verderben mit dem Bestehen in der kämpferischen Auseinandersetzung untrennbar verknüpft ist, kann die Größe seines Gottes nicht anders erfahren als darin, daß er ihm zum Siege verhilft. Das ist nicht in erster Linie eine Frage nach Charakterzügen und Eigenschaften Gottes; vor allem ist es die Frage nach der Erfahrbarkeit dieses Gottes und danach, wie er begriffen werden kann.

■ Weiters wäre gerade an diesem Problem ernst damit zu machen, in der Geschichte Israels die *Heils*geschichte *Israels* zu suchen und zu finden. Der Weg zu einem allumfassenden, allgemeinen Gottesbild ist noch weit. Zunächst ist JAHWE als der Gott *Israels* erfahrbar. Im Heil dieses Volkes erweist er seine Größe und Macht, erweist er sich als jener, den sein Name benennt. Mit einem Gott, der nicht den Sieg gibt, kann ein Volk nichts anfangen, muß es doch miterleben, daß die Gottheiten des Feindes größer und mächtiger sind, denn: Auch und gerade für den Krieg und den Kampf gilt, daß das Geschehen im Blick auf das Heil und die Rettung *gedeutet* werden. Wenn Israel siegreich bleibt, dann hat Gott den Sieg geschenkt, wenn es unterliegt, hat Gott den Sieg verweigert. Es gilt also ganz konkret, was zuvor (vgl. Kap. 11) allgemein formuliert wurde.

Ob Gott Kriege gewinnen kann, ist nicht eine militärische, sondern eine theologische Frage. In der Zeit und Umwelt des biblischen Verfassers war sie — um der Identität Gottes willen — eindeutig zu bejahen. Das ändert nichts daran, daß unsere heutige Gotteserfahrung diesbezüglich eine andere ist.

ANREGUNGEN ZUM WEITERDENKEN

— Überlegen Sie, ob Sie die vorgelegte Argumentationsweise auch auf andere Problemfelder übertragen können, z. B.: Der Gott Israels — der Gott zum Heil aller Völker.

— Lesen Sie im Neuen Testament Eph 6,10—20. In welcher Weise wird das alttestamentliche Denken hier aufgegriffen und weitergeführt?

13. Samuel, der letzte Richter

„Die Israeliten taten, was dem Herrn mißfiel, und dienten
den Baalen. Sie verließen den Herrn, ihren Gott, der sie
aus Ägypten herausgeführt hatte, und liefen anderen Göttern nach, den Göttern der Völker, die rings um sie woh-
nen. Als sie den Herrn verließen und dem Baal und den
Astarten dienten, entbrannte der Zorn des Herrn gegen
Israel. Er gab sie in die Gewalt von Räubern, die sie aus-
plünderten, und lieferte sie der Gewalt ihrer Feinde rings-
um aus, so daß sie ihren Feinden keinen Widerstand mehr
leisten konnten. ... So gerieten sie in große Not. Der Herr
aber setzte Richter ein, die sie aus der Gewalt der Räuber
befreiten." (Ri 2,11—16)
Dieser Text, den der Redaktor des Richterbuches der Darstellung der Richterzeit voranstellte, zeigt in schematischen
Zügen Aufgabe und Funktion der sogenannten „Richter" im
frühen Israel, also in der Epoche der Landnahme. In diesem
Zusammenhang müssen wir eine Begriffsunterscheidung beachten. Das Richterbuch spricht einmal von Persönlichkeiten, die tatsächlich eine Art Leitungs- und Rechtsprechungs-
funktion in Israel innehatten. Für sie trifft die Bezeichnung
„Richter" in einem auch heute gebräuchlichen Sinne zu. In
der Forschung werden sie die „kleinen Richter" genannt. Ri
10,1—5; 12,7—15 sind ihre Namen nach der Art einer Amts-
folgeliste zusammengestellt. Dabei wurde offensichtlich die
Ordnung späterer Zeit auf die Anfänge der Landnahme
übertragen.

Eine bedeutendere Rolle wird in den Erzählungen den
„großen Richtern" zugeschrieben. Auf sie trifft die oben zi-

tierte Charakterisierung des Geschichtsverlaufs zu. Sie gelten als charismatische Führerpersönlichkeiten, die in Notzeiten durch ihr Eingreifen den Bestand einzelner Stämme und damit des ganzen Volkes sichern. Ihr Wirken wird durch jenes Unheil provoziert, das Israel durch den Abfall vom Jahweglauben selbst auf sich geladen hat.

Bei der Darstellung dieser „Richter" ist ihre Führung durch Gott besonders entscheidend. Prägend für die Richter ist der Geist Gottes, der sie zum Handeln treibt. Dies kommt mehrfach am Beginn der Erzählungen zum Ausdruck:

„Der Geist des Herrn kam über Otniel, und er wurde Richter in Israel."

„Da kam der Geist des Herrn über Jiftach …"

(Ri 3,10; 11,29)

In der Kraft des Geistes Gottes erfüllen die Richter ihre Aufgabe und besiegen so auf wunderbare Weise die Feinde Israels. Dabei ist unverkennbar, daß JAHWE auf ihrer Seite steht. Er hält die Geschicke in der Hand, er leitet das Geschehen. Deshalb ist das Richterbuch auch von einer unverkennbar antimonarchischen Tendenz gekennzeichnet. Die Königsgestalten werden karikiert, und zugleich ist deutlich, daß die Richter nicht königliche Herrschaft ausüben. Denn — so der Richter Gideon, als ihm und seiner Familie die Würde eines Herrschers angetragen wird:

„Ich will nicht über euch herrschen, und auch mein Sohn soll nicht über euch herrschen; der Herr soll über euch herrschen." (Ri 8,23)

Als dennoch Abimelech zum König gewählt wird (Ri 9,1–6), erweist sich das als Unheil für ganz Israel. Nach dreijähriger Herrschaft wird Abimelech von einer Frau getötet (vgl. Ri 9,50–57).

Die Aufgabe der Richter wird im Namen Gottes wahrgenommen. Sie wissen sich ihm zugeordnet, handeln in seinem

Auftrag. Unter diesen Persönlichkeiten sind auch berühmte Frauen, die bekannteste ist Debora, die den Heerführer des kanaanitischen Königs überwunden hat (vgl. Ri 4,1 — 5,31).

Die Darstellung der Richterzeit zieht sich bis in das erste Samuelbuch. In der Erzählung über die Geburt und die Berufung Samuels (1 Sam 1 — 3) wird Gottes Führung überaus deutlich: Der Knabe wird von einer betagten, bisher unfruchtbaren Mutter geboren und erfährt im Heiligtum JAHWES den Ruf Gottes. Schon in dieser Erzählweise zeigt sich: Samuel ist eine der bedeutendsten Gestalten Israels. Als Prophet (1 Sam 3,20) und als Richter (1 Sam 7,15) übt er seine Führungsaufgabe aus. Allerdings geht mit ihm eine Epoche zu Ende. Das Volk fordert eine Institutionalisierung der bisher charismatisch ausgeübten Leitungsaufgabe in Israel. Beim Übergang zur Königszeit hat Samuel seine Hand im Spiel: Er lenkt die Geschicke des ersten Königs, und er salbt im Auftrag Gottes auch den zweiten König über Israel (vgl. 1 Sam 16,1, dazu Kap. 14).

ANREGUNGEN ZUM WEITERDENKEN

— Stellen Sie den eingangs zitierten Abschnitt aus dem Richterbuch mit den Überlegungen über Geschichte als *Heils*geschichte in Beziehung.

— Lesen Sie Ri 9,7—15: Was bedeutet es, daß in dieser Fabel nur der Dornbusch bereit ist, sich zum König einsetzen zu lassen?

14. Wer ist König in Israel?

Bleiben wir bei Samuel. Der biblische Erzähler berichtet über die Regelung der Nachfolgefrage. Diese erfolgt nicht im Sinne des Samuel, weil seine Söhne nicht als Richter geeignet waren, vor allem aber, weil das Volk eine andere Regierungsform suchte:

> „Es versammelten sich alle Ältesten Israels und gingen zu Samuel nach Rama. Sie sagten zu ihm: Du bist nun alt, und deine Söhne gehen nicht auf deinen Wegen. Darum setze jetzt einen König bei uns ein, der uns regieren soll, wie es bei den Völkern der Fall ist." (1 Sam 8,4–5)

Damit war ein altes Problem neu aktuell geworden (vgl. das Wort Gideons, oben Kap. 13). Die Institutionalisierung eines Königtums mußte das Zwölfstämmevolk Israel seiner Sonderstellung unter den Völkern berauben. Denn damit war ein wichtiges Abgrenzungselement in Gefahr, in Vergessenheit zu geraten. Ein irdischer König, auch wenn er gleichsam (nur) als Stellvertreter JAHWES galt, verdrängte das Bewußtsein um den eigentlichen Träger der Herrschaftsgewalt. Damit rückte dieses Unterscheidungszeichen, das Israel aus seiner Umwelt heraushob, in den Hintergrund. Drängender als zuvor stellte sich also die Frage: Wer war eigentlich König in Israel?

Theoretisch und theologisch war diese Frage leicht zu beantworten. Denn ohne Zweifel war es der Gott JAHWE, der die königliche Herrschaft ausübte und so der eigentliche Führer seines Volkes blieb. Die Theokratie (darin stecken die Worte *theos* – Gott, und *kratos* – mächtig), also die Herrschaftsausübung durch Gott, ist ein prägendes und unterscheidendes Charakteristikum Israels unter den Völkern. In der Sammlung der Psalmen wird des öfteren diese Königswürde Gottes besungen:

„Der Herr ist König, bekleidet mit Hoheit; …"

„Verkündet bei den Völkern: Der Herr ist König."

„Der Herr ist König. Die Erde frohlocke.

Freuen sollen sich die vielen Inseln."

„Der Herr ist König, es zittern die Völker.

Er thront auf den Kerubim. Es wankt die Erde."

(Ps 93,1; 96,10; 97,1; 99,1)

In der Praxis sieht die Situation etwas anders aus. Beinahe fatalistisch klingt die Antwort Gottes auf das Klagen des Samuel, wie sie der biblische Verfasser formuliert:

„Höre auf die Stimme des Volkes in allem, was sie zu dir sagen. Denn nicht dich haben sie verworfen, sondern mich haben sie verworfen: Ich soll nicht mehr ihr König sein. Das entspricht ganz ihren Taten, die sie (immer wieder) getan haben, seitdem ich sie aus Ägypten herausgeführt habe, bis zum heutigen Tag; sie haben mich verlassen und anderen Göttern gedient. So machen sie es nun auch mit dir." (1 Sam 8,7–8)

Was der spätere Erzähler (er lebte im 8. bis 7. Jh. v. Chr.) rückblickend hier niederschreibt, klingt sehr kritisch. Es ist nicht nur eine neuerliche Wertung der Frühzeit, sondern auch der Epoche der Könige in Israel.

Denn: Samuel salbt tatsächlich einen König in Israel. Der König ist „Fürst über das Erbe Jahwes" (1 Sam 10,1), ist also Gott unterstellt und zugeordnet. Seine Wahl wird durch die einzelnen Stämme bestätigt (vgl. 1 Sam 10,24).

Mit der Erwählung Sauls zum ersten König in Israel beginnt eine neue Geschichtsepoche, die zumindest in einem Teil Israels fast 500 Jahre dauern wird, genau von ca. 1030 bis 587 v. Chr. In der Deutung dieser Zeitspanne spielt erneut der JAHWE-Glaube die entscheidende Rolle (vgl. Kap. 11). Die Herrschaft der Könige wird in den Samuel- und den Königsbüchern aus diesem Blickwinkel dargestellt. In Verbindung damit wird auch das politische Schicksal beurteilt.

Saul, der erste König, war eine glücklose Gestalt. Er hatte mit zahlreichen äußeren Problemen zu kämpfen: Es fehlte eine Hauptstadt und damit eine entsprechende Verwaltung. Es gab Schwierigkeiten, zwischen den sehr selbständigen Stämmen einen Interessensausgleich herbeizuführen und zu halten. Seine Herrschaftszeit war von der ständigen Bedrohung der einzelnen Städte durch die Philister begleitet. Nach ca. 20jähriger Regierungszeit (die Datierungen sind unterschiedlich) beging Saul vermutlich Selbstmord. Dies wird theologisch als Verstoßung durch JAHWE gedeutet (vgl. 1 Sam 15,24—26). Das einmal eingeführte Königtum bleibt bestehen. Ob Gott tatsächlich König über Israel ist — diese Frage wird für lange Zeit im Glauben der einzelnen Könige und des Volkes jeweils neu entschieden.

ANREGUNGEN ZUM WEITERDENKEN

— Schlagen Sie die oben zitierten Psalmen nach und lesen Sie den ganzen Text:
  Wie wird das Königtum Gottes charakterisiert?
  Wie wird es begründet?

— Überlegen Sie, was Theokratie konkret bedeuten kann, z. B. in der Gesetzgebung, in der Außenpolitik, in der Kriegsführung, im Umgang der Menschen miteinander.

15. Du selbst bist dieser Mann!

Das war das Wort des Propheten Natan an David, um ihm seine Schuld vor Augen zu führen. Natan hatte das Verhalten des Königs in eine Gleichniserzählung gekleidet, damit dieser die Tragweite dessen erkannte, was er einem seiner Krieger angetan hatte: Er ließ sich mit dessen Frau ein und sorgte dann dafür, daß der Soldat in der Schlacht fiel (vgl. 2 Sam 11). Natan vergleicht die Situation mit der eines Reichen, der zahlreiche Schafe und Rinder besitzt, und der eines Armen, der lediglich ein Lamm hat, das ihm lieb ist.

„Da kam ein Besucher zu dem reichen Mann, und er brachte es nicht über sich, eines von seinen Schafen oder Rindern zu nehmen, um es für den zuzubereiten, der zu ihm gekommen war. Darum nahm er dem Armen das Lamm weg und bereitete es für den Mann, der zu ihm gekommen war.

Da geriet David in heftigen Zorn über den Mann und sagte zu Natan: So wahr der Herr lebt: Der Mann, der das getan hat, verdient den Tod. Das Lamm soll er vierfach ersetzen …

Da sagte Natan zu David: Du selbst bist dieser Mann.“ (2 Sam 12,4—7)

In der Person des Königs David treffen Berufung und Segen, Sünde und Umkehr in intensiver Weise zusammen. Nach der alten Erzählung ließ Samuel David, den jüngsten Sohn des Isai in Betlehem, vom Schafhüten holen, um ihn zum König zu salben (1 Sam 16,11—13). David übte seine Herrschaft zunächst über das Gebiet Juda aus, nach sieben Jahren wurde er auch zum König über ganz Israel gesalbt (Regierungszeit von ca. 1010 bis 970 v. Chr.). Damit gelang ihm die feste politische Verbindung zwischen dem Stamm Juda (im Süden) und den übrigen Stämmen (im Norden) — eine Einheit, die jedoch nur noch unter seinem Sohn Salomo halten sollte.

David war ein politisch kluger, vom Kriegsglück begünstigter Herrscher. In seine Regierungszeit fällt der endgültige Sieg gegen die Philister. David eroberte Jerusalem und verlegte den Regierungssitz von Hebron in diese Stadt. Zugleich gelangen ihm umfangreiche Gebietsausdehnungen, die er aufgrund erfolgreicher Eroberungskriege gegen die Moabiter, Edomiter und Ammoniter beanspruchte (vgl. die Landkarte auf Seite 61).

Unter der Regierungszeit des Königs dominierte der Glaube an den Gott JAHWE. David verstand sich als Vasallenkönig seines Gottes. Ihm werden in der jüdischen Überlieferung die Psalmen zugeschrieben (vgl. Kap. 30). Er überführte die Bundeslade nach Jerusalem (vgl. 2 Sam 6).

Die sogenannte Natansverheißung an David bleibt für das theologische Denken und Hoffen des jüdischen Volkes durch die Jahrhunderte bis zur Zeit Jesu bestimmend. Die Zusage einer ewigen Herrschaft kennzeichnet den Höhepunkt im Aufstieg des davidischen Königtums:

„Wenn deine Tage erfüllt sind und du dich zu deinen Vätern legst, werde ich deinen leiblichen Sohn als deinen Nachfolger einsetzen und seinem Königtum Bestand verleihen. Er wird für meinen Namen ein Haus bauen, und ich werde seinem Königsthron ewigen Bestand verleihen. Ich will für ihn Vater sein, und er wird für mich Sohn sein. … Meine Huld aber soll nicht von ihm weichen, wie sie von Saul gewichen ist, den ich vor deinen Augen verstoßen habe. Dein Haus und dein Königtum sollen durch mich auf ewig bestehen bleiben; dein Thron soll auf ewig Bestand haben." (2 Sam 7,12—16)

Demgegenüber berichten die biblischen Erzähler von zwei Fehltritten des Königs.

- David eignet sich Batseba, die Frau des Urija, an (siehe oben). Das erste Kind aus dieser Verbindung stirbt. Nachdem David Batseba nach dem Tod des Urija zur Frau genommen hat, kommt als zweites Kind Salomo zur Welt (vgl. 2 Sam 12).

- David zählt seine Krieger und unterliegt damit der Versuchung, im Krieg nicht auf seinen Gott, sondern auf die Stärke seines Heeres zu vertrauen (vgl. 2 Sam 24). Als Strafe dafür kommt die Pest über das Land; überdies wird es David verwehrt, selbst den Tempel für JAHWE zu erbauen.

Dies bleibt seinem Sohn Salomo vorbehalten. Der erste Tempel wird in Jerusalem auf dem Ofel-Hügel errichtet, der fortan „Zion" genannt wird. Das Heiligtum hat religiöse und politische Einigungsfunktion (vgl. das Weihegebet in 1 Kön 8,22—53). Die Herrschaft Salomos (ca. 970 bis 931 v. Chr., Datierungen weichen ab) wird in der Geschichtsschreibung Israels als Höhepunkt des Königtums gewertet. Während seiner Regierungszeit bleibt das Land von Kriegen verschont. Salomo baut die Reichsverwaltung aus, begünstigt den Handel und macht die Hauptstadt Jerusalem zu einem Zentrum der Kunst, der Bautätigkeit und der Gelehrsamkeit. Die salomonische Weisheit bleibt durch die Jahrhunderte sprichwörtlich.

Der Friede in Israel sowie die aktive Herrschaft des Königs fordern entsprechende finanzielle Mittel. Da Salomo die notwendigen Steuern zwischen seinem eigenen Stamm Juda und den anderen Stämmen ungleich verteilt, erregt dies zunehmend Mißfallen, deren Folgen nach seinem Tod offen zutagetreten. Die auftretenden Spannungen machen der Blütezeit des Königtums ein schnelles Ende.

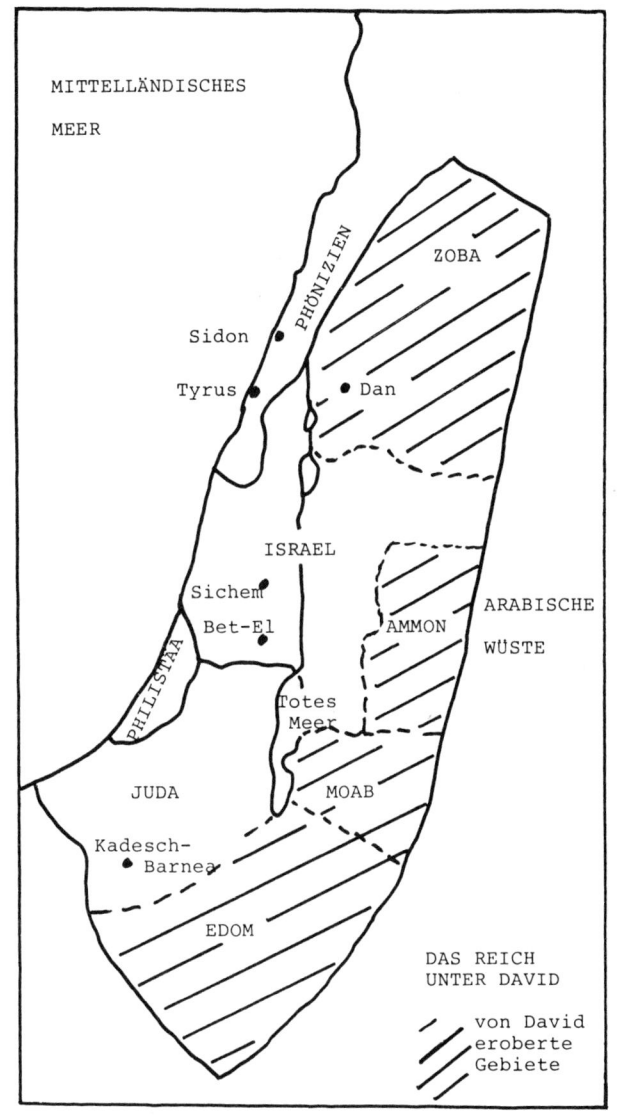

MITTELLÄNDISCHES

MEER

PHÖNIZIEN

ZOBA

Sidon

Tyrus

Dan

ISRAEL

Sichem

Bet-El

PHILISTÄA

AMMON

ARABISCHE

WÜSTE

Totes
Meer

JUDA

MOAB

Kadesch-
Barnea

EDOM

DAS REICH
UNTER DAVID

von David
eroberte
Gebiete

ANREGUNGEN ZUM WEITERDENKEN

— Lesen Sie nochmals 2 Sam 12,1—9: Aktualisieren Sie das Erzählte.

— Setzen Sie 2 Sam 7,12—16 mit dem Text im Neuen Testament bei Lk 1,32—33 in Beziehung.

— Lesen Sie 1 Kön 8,41—43: Bedenken Sie die religiöse Offenheit und Weite dieses Textes.

16. Israel und Juda

Hinter diesen beiden Namen verbergen sich die zwei Teilgebiete des davidischen Großreiches und ihre weitere Geschichte. Wir haben schon feststellen können, daß der Kern konkreten religiösen Denkens sehr eng mit der Geschichte des Volkes und vor allem mit der Deutung dieser Geschichte verbunden ist. Deswegen müssen wir uns über die weitere geschichtliche Entwicklung des Königtums einen Überblick verschaffen.

Nach dem Tod Salomos soll sein Sohn den Thron besteigen. Die Stämme des nördlichen Reichsteiles Israel binden ihre Zustimmung daran, daß der König die ungleiche Besteuerung rückgängig macht. Da der junge König anläßlich eines Reichstages zu Sichem dazu nicht bereit ist, trennen sich die Stämme des Nordgebietes vom gemeinsamen Königreich (vgl. 1 Kön 12,1—19). Salomos Sohn besteigt den Thron über das südliche Gebiet Juda.

Der biblische Erzähler ist unverkennbar auf der Seite des neuen Königs, der das Haus David repräsentiert:

„So fiel Israel vom Haus David ab und ist abtrünnig bis zum heutigen Tag." (1 Kön 12,19)

Das so neu entstandene *Nordreich Israel* steht tatsächlich auch vor religiösen Problemen. Da der Zugang zum Tempel in Jerusalem nicht möglich ist, werden die alten Heiligtümer in Bet-El und Dan wieder aktiviert (vgl. die Landkarte S. 61). Dort wird zwar der JAHWE-Glaube gepflegt, dennoch kommt es zu Vermischungen mit dem einheimischen Baalskult.

Als Hauptstadt gilt zunächst Sichem, später Samaria. Das

Reich hat ein wechselvolles Schicksal. JAHWE-treue Könige wechseln mit jenen, die dem Baalskult anhängen. Mehrfach gelingt auf Betreiben der Propheten (vgl. dazu Kap. 18 und 19) die Restauration des JAHWE-Kultes. Die erstarkenden Großreiche bilden jedoch eine zunehmende politische Gefahr.

725 v. Chr. fällt der Assyrerkönig Salmanassar V. in das Nordreich ein und erobert zwei Jahre später Samaria. Das gesamte Nordreich wird besetzt, ein Teil der Bevölkerung wird ins Exil geführt und kehrt von dort nicht mehr zurück. Der Rest der Bevölkerung vermischt sich mit der assyrischen Besatzungsmacht. So entwickelt sich die samaritanische Bevölkerung, die später von den Juden nicht mehr als jüdisch anerkannt wird.

Das *Südreich Juda* kann seine Selbständigkeit länger wahren. Auch seine religiöse Geschichte ist von der steten Notwendigkeit geprägt, den JAHWE-Glauben zu erhalten. Eine entscheidende Reform gelingt jedoch nur König Josia (639 bis 609 v. Chr.). Die religiöse Unstetigkeit begünstigt auch hier die politischen Schwierigkeiten. Überdies sind die Gegner des relativ kleinen Königreiches Juda durchwegs politisch und militärisch übermächtig.

Die bei der Eroberung des Nordreiches drohende Gefahr kann durch kluge Politik abgewendet werden, als der assyrische König Sanherib 701 v. Chr. Jerusalem belagert. Nachdem 612 v. Chr. die Neubabylonier Ninive, die Hauptstadt Assyriens, erobert hatten, wird Juda von dieser neuen Macht bedrängt. Nebukadnezzar von Babylon belagert 598 v. Chr. Jerusalem, verschleppt den König und die Oberschicht der Bevölkerung. Zehn Jahre später wird Jerusalem nochmals belagert, 587 v. Chr. werden Stadt, Tempel und Königspalast zerstört, die Bewohner werden in die Verbannung nach Babylon geführt. Damit ist auch das Königtum Juda vernichtet.

In der Darstellung der Königsepoche, die wir in den biblischen Schriften 1 und 2 Sam, vor allem 1 und 2 Kön finden, kommen die einzelnen Herrscher des Nord- und des Südreiches nicht gut weg. Auch hier gilt: Geschichte wird als Heils- oder eben als Unheilsgeschichte gedeutet und dargestellt. Als Charakterisierung ihres Wirkens lesen wir stereotyp den Satz:

„Er tat, was dem Herrn mißfiel ...“

(z. B.: 1 Kön 15,34; 16,19.25.30; 22,53; 2 Kön 8,18.27; 13,2; 14,24; 15,9.18.24.28; 21,2; 23,32.37; 24,9.19)

So ist es verständlich, daß das politische Schicksal des Nord- und des Südreiches als Folge mangelhafter Treue gegenüber JAHWE verstanden wird.

ANREGUNGEN ZUM WEITERDENKEN

— Lesen Sie im Neuen Testament Lk 10,25—37 oder Lk 17,11—19. Stellen Sie eine Verbindung her zwischen der Einschätzung der Samariter und dem soeben aufgezeigten Geschichtsablauf.

— Setzen Sie die Feststellung der samaritanischen Frau im neutestamentlichen Text Joh 4,20 in Beziehung zu den religiösen Problemen des Nordreiches.

17. Auf einen Blick: Abriß der Geschichte

Was wir jetzt versuchen wollen, ist gleichsam eine Zwischenbilanz im Überblick. Bisher hat ein (heils-)geschichtlicher Faden die einzelnen Kapitel begleitet, von der Vor-Zeit der Schöpfung über Abraham, den Auszug aus Ägypten bis zum Königtum und dessen Ende. Zeitlich gesehen, stehen wir mit dem Beginn des 6. Jh. v. Chr. etwa in der Mitte der alttestamentlichen Zeit, von der theologischen und religionspolitischen Bedeutung dieses Moments befinden wir uns an einer entscheidenden Wende.

Das — und die Notwendigkeit, die Orientierung nicht zu verlieren — ist Anlaß für einen gerafften Rückblick und zugleich für einen Blick voraus. Dabei werden zwar bereits Daten und Namen aus den folgenden Kapiteln vorweggenommen. Aber so soll gewährleistet bleiben, daß der geschichtliche Ablauf auf einen Blick gegenwärtiggesetzt werden kann. Bei den Angaben ist zu beachten, daß es teilweise auch andere, leicht abweichende Datierungsmöglichkeiten gibt.

ab 2000	aramäische Nomadensippen um Ur in Chaldäa
um 1800	Abraham; Zeit der Patriarchen
um 1730—1580	Hyksos-Herrschaft in Ägypten; Hintergrund der Josefserzählung [?]
1301—1234	Herrschaft Ramses II. Hintergrund des Exodus

13.—11. Jh.	Eroberung Kanaans durch die Mosesippe: „Landnahme"; Zeit der Richter
um 1030	Beginn der Königszeit mit Saul, David, Salomo — Israelitisches Großreich
um 930	Reichsteilung
723	Eroberung Samarias durch Salmanassar V.; Verbannung der Bevölkerung; in der Folge davon: Ende des Nordreiches
701	Belagerung Jerusalems durch Sanherib
612	Eroberung Ninives durch die Neubabylonier
598	Belagerung Jerusalems durch Nebukadnezzar
589—587	neuerliche Belagerung Jerusalems, Zerstörung der Stadt; Verbannung der Bevölkerung
587—538	Babylonisches Exil
539	Sieg des Persers Kyrus über Nebukadnezzar
538	Kyrus-Edikt; Rückkehr und Neubeginn
333	Sieg des Mazedoniers Alexander d. Gr. über Darius III. bei Issos; Beginn der hellenistischen Zeit
323	Tod Alexanders; Palästina unter der Herrschaft der Ptolemäer
198	Antiochus III. von Syrien besetzt Palästina
um 169	Beginn der Makkabäer-Aufstände
ab 142	Herrschaft der jüdischen Dynastie der Hasmonäer
67	Erbstreitigkeiten über die Thronfolge →
63	Pompeius besetzt Palästina; Beginn der römischen Herrschaft
40—4	Herodes d. Gr. jüdischer König unter römischer Oberhoheit

ANREGUNGEN ZUM WEITERDENKEN

— Fertigen Sie eine Liste mit allen Völkern an, unter deren Herrschaftsbereich Israel im Laufe seiner vorchristlichen Geschichte geraten ist. Stellen Sie den Zeitraum der Fremdherrschaft der Zeitspanne der Unabhängigkeit gegenüber. Bedenken Sie das Ergebnis auf der Grundlage des zuvor skizzierten Geschichtsverständnisses (vgl. oben Kap. 11).

— Lesen Sie im Neuen Testament Mt 1,1—17, bes. Vers 17. Welche Interessen können Sie hinter der hier vorgenommenen Gliederung der bisherigen Geschichte vermuten?

18. Propheten sind auch Menschen

Sie kennen vermutlich die Geschichte vom Propheten Jona, der ausgesandt wurde, um Ninive zur Umkehr zu bewegen. Es ist eine merkwürdige Geschichte. Sie wurde erst später, in der persischen Zeit, aufgeschrieben, als Ninive längst zerstört war.

Die Jonaerzählung ist die Geschichte einer Berufung; sie hat nur einen Schönheitsfehler: Der berufene Prophet will dem Auftrag Gottes nicht folgen. Anstatt nach Ninive zu gehen, will Jona mit dem Schiff vor Gott und seinem Ruf fliehen ..., „weit weg vom Herrn" (Jona 1,3).

Es folgt die Erzählung vom Seesturm, vom großen Fisch, der Jona verschlingt, von Jona, der im Bauch des Fisches betet — „Da befahl der Herr dem Fisch, Jona ans Land zu speien" (Jona 2,11), und so geschieht es.

Eine eigentümliche, wundersame Geschichte. In der Wissenschaft wird sie als eine gleichnishafte Lehrerzählung eingestuft. Neben anderen Dingen erfahren wir darin: Propheten sind auch Menschen, sie sind keine Übergeschöpfe. Jona ist dafür ein markantes, aber nicht das einzige Beispiel. Auch nach seiner Rettung kommt er nur schwer mit dem zurecht, was Gott von ihm fordert und wie Gott handelt (vgl. Jona 3 bis 4).

Unter den Propheten ist eine solche Charakterisierung nicht nur für Jona zutreffend. Elija wandert eine Tagereise weit in die Wüste, um dort unter einem Ginsterstrauch zu sterben, weil er auf der Flucht ist und sich sehr vor seinen Gegnern, den Anhängern des Baalskultes, fürchtet (vgl. 1 Kön 19,1—4). Auch hier muß Gott eingreifen. Er stärkt den

Propheten mit einer wunderbaren Speise, so daß dieser ununterbrochen unterwegs bleibt bis zum Gottesberg Horeb, 40 Tage und Nächte lang, um die neue Weisung seines Gottes zu hören (vgl. 1 Kön 19,5—18).

Natürlich: Das sind keine Biographien, sondern ausdeutende Erzählungen. Sie zeigen, wie sehr sich Gott dieser Menschen annimmt, die als Rufer seiner Botschaft vor Könige und Volk treten. Gott macht aus ihnen keine perfekten Menschen, sondern er nimmt sie in Dienst, wie sie sind, mit all ihren Schwächen.

In den Berufungserzählungen der großen Propheten kommt dies besonders anschaulich zum Ausdruck. Als Jesaja in einer Vision den Thron Gottes sieht, erfüllt ihn Furcht:

„Das sagte ich: Weh mir, ich bin verloren. Denn ich bin ein Mann mit unreinen Lippen, und meine Augen haben den König, den Herrn der Heere, gesehen.

Da flog einer der Serafim zu mir; er trug in seiner Hand eine glühende Kohle, die er mit einer Zange vom Altar genommen hatte.

Er berührte damit meinen Mund und sagte:

Das hier hat deine Lippen berührt:

Deine Schuld ist getilgt,

deine Sünde gesühnt." (Jes 6,5—7)

Dieses aussagekräftige Bild von der Reinigung des Prophetenmundes mit glühenden Kohlen zeigt die Indienstnahme dieses Menschen durch Gott. In der Vision des Propheten wird darin seine Bereitschaft vorbereitet, sich von Gott senden zu lassen:

„Danach hörte ich eine Stimme des Herrn, der sagte: Wen soll ich senden? Wer wird für uns gehen? Ich antwortete: Hier bin ich, sende mich!" (Jes 6,8)

Immer wieder begegnen typisch menschliche — und sehr verständliche! — Regungen, Widerstände gegenüber dem

Auftrag, den der Prophet übernehmen soll. Und immer wieder gibt Gott Zuspruch und Kraft, um ihn für seine Sendung zu ermutigen. Nicht eigenes Vermögen, sondern die Gegenwart Gottes befähigen den Propheten dazu, Gottes Weisung zu verkündigen. Er ist Rufer Gottes, er deutet in der Kraft des Geistes Gottes die Beziehung zwischen Gott und Mensch. Das kann Heilsbotschaft oder Drohbotschaft beinhalten, Verkündigung der Rettung oder des Gerichts. Weil sein Rückhalt Gott selbst ist, kann und muß sich der Prophet auch auf diesen seinen Gott berufen. Dies ist ein prägendes Merkmal der Prophetenverkündigung. Es äußert sich besonders in den Einleitungsformeln der prophetischen Sprüche:

„So spricht der Herr: …“ oder

„… — Spruch des Herrn — …“

Das Prophetenwort gilt nicht ausschließlich der Deutung der Zukunft. Seine Kompetenz ist es generell, das Verhältnis zwischen Gott und Mensch zu deuten. Weil er dies in der Kraft des Geistes tut, legt er eine verbindliche, also gültige Deutung vor. Der Gesichtspunkt der Zeit tritt demgegenüber in den Hintergrund, weil dieser auch im Blick auf das Gottesverhältnis zweitrangig ist. Nur weil der Blick in die Zukunft dem Menschen besonders aufsehenerregend erscheint, wurde er beinahe bedeutungsgleich mit dem prophetischen Element verbunden.

Wir begegnen in den Propheten also Personen, die von Gott in Dienst genommen sind. Bei all dem bleiben sie *Menschen*, mit Schönheitsfehlern und mit Unvollkommenheiten. Was sie hervorhebt und bedeutsam macht, sind ihre Berufung und ihr Auftrag, die sie ausüben.

ANREGUNGEN ZUM WEITERDENKEN

— Lesen Sie die Berufungserzählung des Propheten Jeremia:
   Jer 1,4—10. Orten Sie darin die Momente der Menschlich-
   keit des Propheten und des Beistands Gottes.

— Im Neuen Testament ist Mk 6,4 eine allgemeine Erfahrung über das Ansehen der Propheten überliefert. Begründen Sie diesen Spruch, insbesondere im Blick auf die
   alttestamentlichen Propheten.

19. Nicht Beruf, sondern Berufung

Wir bleiben noch bei den Propheten. Was wir im letzten Kapitel bedacht haben, könnte auch unter der jetzt gewählten Überschrift zusammengefaßt werden: Was die Propheten bestimmt und prägt, ist ihre *Berufung*. Das soll noch etwas genauer erläutert werden.

Die Propheten werden im Hebräischen als *$n^e bi'im$* bezeichnet; das sind die Sprecher einer ihnen eingegebenen Botschaft. Sie verkündigen nicht aus sich selbst, sondern vermitteln die Botschaft Gottes. Der Rückhalt ihres Auftretens und ihrer gesamten Tätigkeit ist Gott und nicht eine irdische Autorität — seien es Könige oder Priester. Aus diesem Grund sind den einzelnen Prophetenschriften auch meistens die Berufungserzählungen oder -visionen vorangestellt. Sie dienen gleichsam als Legitimation, um auszudrücken: Im prophetischen Wirken geht es nicht einfach um einen Beruf, sondern um eine Berufung.

Propheten gibt es auch in den Religionen der umliegenden Völker, insbesondere auch in der Baalsverehrung. Worin sich Israels Propheten von diesen unterscheiden wollen, ist dieser Rückbezug auf ihren Gott JAHWE. Daher melden sie sich, gelegen und ungelegen, zu Wort, sie müssen niemandem nach dem Mund reden, um einen irdischen Auftraggeber zu Diensten zu sein. Mehrfach kommt dies in Droh- oder Spottreden gegen falsche Propheten zum Ausdruck — wie uns das Beispiel eines Nordreich-Propheten aus dem 8. Jh. v. Chr. zeigt:

„So spricht der Herr gegen die Propheten:
Sie verführen mein Volk.

Haben sie etwas zu beißen, dann rufen sie: Friede!
Wer ihnen aber nichts in den Mund steckt,
dem sagen sie den heiligen Krieg an.
Darum kommt die Nacht über euch,
in der ihr keine Visionen mehr habt,
und die Finsternis,
in der ihr nicht mehr wahrsagen könnt. ...
Ich aber, ich bin voller Kraft,
ich bin erfüllt vom Geist des Herrn,
voll Eifer für das Recht und voll Mut,
Jakob seine Vergehen vorzuhalten
und Israel seine Sünden." (Mi 3,5—6.8)

Diese Auseinandersetzung zwischen wahren und falschen Propheten begleitet die Aufgabe des Micha, und sie ist typisch. Durch ein eindrückliches Gottesurteil setzt sich Elija am Berg Karmel allein gegen 450 Baalspropheten durch: Während die Baalshuldiger vergeblich hoffen, daß ihre Gottheit das Brandopfer entzünden möge, läßt Gott auf Bitte des Elija einen Blitz vom Himmel fahren, der das Opfer verzehrt und zugleich den Baalsaltar mitsamt den Pseudopropheten vernichtet ... (vgl. 1 Kön 18).

Solche Erzählungen stärken die Autorität der Propheten; sie rechtfertigen zugleich ihre Benennung als „Gottesmann" und geben ihrer Verkündigung Rückhalt. Ursprünglich ist ihre Tätigkeit auf das gesprochene Wort ausgerichtet. Von den alten Propheten Natan, Elija und Elischa haben wir keine Spruchsammlungen schriftlich überliefert. Erst in der späteren Zeit werden die Prophetensprüche gesammelt und aufgeschrieben. Deshalb unterscheiden wir in der wissenschaftlichen Schriftauslegung zwischen sogenannten „Wortpropheten" und „Schriftpropheten" — das sind jene, unter deren Namen entsprechende Schriften im Alten Testament überliefert sind.

Die Darstellungen des Prophetenwirkens zeigen, daß ihr Auftrag nicht nur die Verkündigung des Wortes umfaßt, sondern eine Indienstnahme des ganzen Lebens bedeutet. Das gesamte Auftreten und Verhalten des Propheten verweist auf den, der ihn berufen hat. Dies wird besonders dann erfahrbar, wenn der Prophet anhand einer symbolträchtigen Handlungsweise seine verkündete Botschaft verdeutlicht und erläutert oder entsprechende Vorgangsweisen zum Ansatzpunkt für seine Verkündigung macht.

In diesem Zusammenhang sprechen wir von sogenannten „prophetischen Zeichenhandlungen". Vorgänge aus dem Alltag erhalten einen gleichnishaften Bezug zur religiösen Botschaft des Propheten. Die Beispiele dafür sind drastisch und teilweise provokant:

■ Der Prophet Hosea wird gehalten, die Ehe mit einer Kultprostituierten des Baal einzugehen, um so das religiöse Verhalten Israels vor Augen zu führen. Die Kinder aus dieser Beziehung erhalten Symbolnamen: „Nicht-mein-Volk", bzw. „Mein-Volk"; sie versinnbildlichen also das Verhältnis JAHWES zu seinem Volk (vgl. Hos 1,2 — 3,5).

■ Jeremia muß einen verrotteten Strick dazu verwenden, um sein Gewand zu gürten: So wie ein schlechter Strick nicht als Gürtel taugt, so auch das verdorbene Israel nicht als Bundespartner (vgl. Jer 13,1—14).

■ Jeremia läuft mit einem Ochsenjoch durch Jerusalem, um die bevorstehende Unterjochung anzuzeigen (vgl. Jer 27,1—15), und Ezechiel trifft Reisevorbereitungen, um auf die kommende Verbannung hinzuweisen (vgl. Ez 12,1—16).

Die Liste wäre fortzusetzen. Wort und Handlung können in ihrer Bildhaftigkeit ineinander übergehen, wie ein besonders eindringlicher Abschnitt in Jer 18 zeigt:

„Ich [Jeremia] ging zum Hause des Töpfers hinab. Er arbeitete gerade mit der Töpferscheibe. Mißriet das Gefäß, das er in Arbeit hatte, wie es beim Ton in der Hand des Töpfers vorkommen kann, so machte der Töpfer daraus wieder ein anderes Gefäß, ganz wie es ihm gefiel.

Da erging an mich das Wort des Herrn:

Kann ich nicht mit euch verfahren wie dieser Töpfer, Haus Israel? — Spruch des Herrn.

Seht, wie der Ton in der Hand des Töpfers,

so seid ihr in meiner Hand, Haus Israel." (Jer 18,3—6)

Durch viele Jahrhunderte — prophetisches Wirken ist im Alten Testament von der Richterzeit bis in die Makkabäerzeit bezeugt — sind die Propheten die Garanten des JAHWE-Glaubens. In Krisenzeiten erweisen sie sich als die wahren Führer des Volkes, da sie als charismatische Persönlichkeiten nicht bestimmten Institutionen verpflichtet sind und daher auch darüber stehen können. Als „Sprachrohr" ihres Gottes tragen sie Sorge dafür, daß der Glaube an JAHWE trotz aller Irrwege lebendig und erhalten bleibt.

ANREGUNGEN ZUM WEITERDENKEN

— Lesen Sie die genannten Beispiele von prophetischen Zeichenhandlungen im biblischen Text nach und formulieren Sie selbst den Sinngehalt.

— Schlagen Sie die Liste der Prophetenbücher im Anhang nach. Vergegenwärtigen Sie sich damit die große Zahl der alttestamentlichen Propheten.

— Überlegen Sie, ob Sie auch aus der neutestamentlichen Überlieferung prophetische Zeichenhandlungen kennen?

20. Die Katastrophe von Jerusalem

Nach dem Fall des Nordreiches 722 v. Chr. stand das kleine Südreich Juda in ständiger Bedrohung, zuerst durch die Assyrer, sodann nach deren Entmachtung durch die Neubabylonier und die Ägypter. Durch Tributzahlungen konnte man sich die Großmächte über ein Jahrhundert lang vom Leib halten.

Was König Jojakim (609 bis 598 v. Chr.) dazu veranlaßte, den Tribut an Babylon zu verweigern, bleibt ein Rätsel. Vermutlich war es die ägyptische Zusage des Beistands im Falle eines Konfliktes mit Babylon, wovon sich Ägypten selbst einen Vorteil erhoffte.

Nüchtern klingt die Schilderung einer Chronik aus Babylon:

„Im siebten Jahr [Nebukadnezzars, das ist 598 v. Chr.] im Monat Kislew bot der König von Akkad [= Babylon] seine Truppen auf und zog nach Hattu [=Palästina]. Die Stadt von Juda greift er an. Am zweiten Adar erobert er die Stadt. Den König nahm er gefangen. Einen König nach seinem Herzen setzte er ein. Schweren Tribut nahm er mit und brachte ihn nach Babel."

Die biblischen Texte gehen etwas mehr ins Detail (vgl. 2 Kön 24). Die königliche Familie, tausende Männer und Frauen werden verschleppt, nachdem die Stadt Jerusalem am 2. März 597 (so kann man die Datumangabe der babylonischen Chronik rekonstruieren) erobert worden war.

Aber diese sogenannte erste Deportation ist erst der Anfang vom Ende. Der von Nebukadnezzar eingesetzte König Zidkija verfolgt eine eigenständige Politik. Dies provoziert eine neuerliche Belagerung Jerusalems, die zwei Jahre dauert. Die Stadt wird ausgehungert, 587 v. Chr. wird sie gestürmt und in der Folge zerstört. Die biblische Schilderung ist bedrückend:

> „Am siebten Tag des fünften Monats ... rückte Nebusaradan, der Kommandant der Leibwache und Diener des Königs von Babel, in Jerusalem ein und steckte das Haus des Herrn, den königlichen Palast und alle Häuser Jerusalems in Brand. ...
>
> Den Rest der Bevölkerung, der noch in der Stadt geblieben war, ... schleppte Nebusaradan, der Kommandant der Leibwache, in die Verbannung." (2 Kön 25,8—9.11)

Ein Elend ohne Ende. Aber was mindestens so schwer wog: Der Tempel, das von Salomo erbaute Haus des Herrn, ging in Flammen auf.

Zur äußeren Not kam die innere Krise. Auch damals galt ja schon: Geschichte wird als Heils- oder als Unheilsgeschichte Gottes verstanden; so stellten sich also notgedrungen Fragen angesichts von soviel Unheil.

Die erste und wichtigste war wohl die Frage nach dem Gott JAHWE: Der Gott, der seine Treue zugesagt hatte — hatte er nunmehr das Volk verlassen? Seit Salomos Zeiten war sein „Wohnort" der Tempel zu Jerusalem — wo war Gott, wenn der Tempel zerstört war? Seit Davids Zeiten war das Königtum Zeugnis für die Verheißung des Propheten Natan, daß das Haus David ohne Ende bestehen werde — galt dies noch, da das Königtum nunmehr am Ende war? Und schließlich: Hatte nicht der Gott JAHWE das Land Israel und Juda gegeben? Jetzt war es verloren — was bedeutete dies?

Hatte sich Gott von seinem Volk nach dessen wankelmütiger Geschichte abgewendet? —

Wer nach dem Augenschein urteilte, mußte diese Frage bejahen. Und überdies: Hatten sich die Götter Babylons mächtiger erwiesen als der Gott JAHWE, der doch den Exodus gewirkt hatte? —

Der Weg in die Verbannung ist ein Abschied von nationaler Identität, vom eigenen Selbstverständnis, vom eigenen Gott. Das Haus Juda, das Volk Israel ist am Ende.

Oder doch nicht?

ANREGUNGEN ZUM WEITERDENKEN

— Lesen Sie Jer 21,1—10: Wie deutet der Prophet das bevorstehende Geschehen?

— Lesen Sie das Buch der Klagelieder, bes. Klgl 2,1—22, als zeitliches nahes Zeugnis der Betroffenheit über die Zerstörung Jerusalems. Beachten Sie dabei die theologische Deutung des Geschehens.

— Besinnen Sie sich (aufgrund eigenen Erlebens oder aufgrund von Erzählungen), welche Bedeutung die Zerstörung religiöser Heiligtümer oder national bedeutsamer Bauwerke für das persönliche Empfinden hat. Können Sie Verbindungen zur Zerstörung Jerusalems knüpfen?

— Benennen Sie Beispiele der Verknüpfung politischer/persönlicher Not und der Frage nach Gott.

21. Das Exil: ein neuer Anfang

Das Ende ... oder doch nicht?

Die Propheten der Exilszeit sind nicht zu beneiden, aber diesen Propheten ist es gelungen, aus dem Ende einen Anfang zu machen. Es sind vor allem Jeremia und Ezechiel, sowie ein uns namentlich unbekannter Gottesmann. Er wird in der wissenschaftlichen Schriftauslegung Deuterojesaja (= Zweit-Jesaja) genannt, da seine Sprüche im zweiten Teil des Buches Jesaja (Jes 40 — 55) aufgeschrieben sind.

Die Aufgabe dieser Propheten ist nicht leicht. Sie ziehen mit den Verbannten nach Babylon, hier müssen sie zwei gewaltige Probleme aufarbeiten: Es gilt einerseits, den Glauben an den eigenen Gott JAHWE wiederherzustellen; und es muß andererseits vermieden werden, daß die Verbannten sich mit den Babyloniern vermischen und damit ihre eigene religiöse und nationale Identität aufgeben.

Diesen Anliegen widmen sich die Propheten mit allem Nachdruck. Sie tun dies in Verbindung mit priesterlichen Kreisen, die ebenfalls Jerusalem verlassen mußten (vgl. dazu auch Kap. 24). In der Verbannung gewinnen religiös motivierte Unterscheidungszeichen besondere Bedeutung. Der Sabbat und die Beschneidung werden tragende Charakteristika der Zugehörigkeit zum jüdischen Volk. Stück für Stück wird die Zuversicht zurückgewonnen, daß Gott sich mit der Zerstörung Jerusalems und dem Verlust des Landes nicht zurückgezogen hat.

Das erste Argument dafür ist die Treue Gottes:

„Zion sagt: Der Herr hat mich verlassen,
Gott hat mich vergessen.

Kann denn eine Frau ihr Kindlein vergessen,
eine Mutter ihren leiblichen Sohn?
Und selbst wenn sie ihn vergessen würde:
Ich vergesse dich nicht.
Sieh her: Ich habe dich eingezeichnet
in meine Hände,
deine Mauern habe ich immer vor Augen." (Jes 49,14—16)
Der Vergleich mit dem Verhältnis zwischen Mutter und
Kind findet sich mehrmals in den Prophetensprüchen jener
Zeit. Damit ist ein zweites Argument verbunden; die Größe
Gottes und sein Bund. Beides wird noch gesondert zur Spra-
che kommen (vgl. Kap. 23 und 25). Wenn sich die Größe
eines Gottes im Schicksal derer zeigt, die ihn verehren (vgl.
Kap. 12), dann kann die Vernichtung Israels und Judas nicht
das letzte Wort dieses Gottes sein:

„So spricht Gott, der Herr:
Nicht euretwegen handle ich, Haus Israel, sondern um
meines heiligen Namens willen, den ihr bei den Völkern
entweiht habt, wohin ihr auch gekommen seid. Meinen
großen, bei den Völkern entweihten Namen, den ihr mitten unter ihnen entweiht habt, werde ich wieder heiligen.
Und die Völker — Spruch Gottes, des Herrn — werden erkennen, daß ich der Herr bin, wenn ich mich an euch vor
ihren Augen als heilig erweise.
Ich hole euch heraus aus den Völkern, ich sammle euch
aus allen Ländern und bringe euch in euer Land."
(Ez 36,22—24)
Wenn Sie das Handlungsmotiv stört, bedenken Sie: Es geht
um das Argument des Propheten, mit dem er Zuversicht ein-
zuflößen versucht; die damit verbundene Botschaft lautet: Es
gibt einen neuen Anfang!

Ein neuer Anfang — das kann für die Menschen im Exil
nur heißen: Rückkehr nach Jerusalem, Neubau des Tempels,

dort beginnen, wo die Zerstörung ein Ende gesetzt hat. Die Zuversicht der Propheten ist nicht unbegründet: Die Zeit der Neubabylonier neigt sich, da Persiens Macht zunimmt. Als der Perserkönig Kyrus 539 v. Chr. Babylon erobert, ist es soweit. Deuterojesaja feiert ihn sogar als den Gesalbten des Herrn (vgl. Jes 45,1). Aufgrund einer klugen Politik, die den unterworfenen Völkern die Ausübung ihrer eigenen Religion gewährt und ihnen politische Selbstverwaltung ermöglicht, erläßt Kyrus 538 v. Chr. ein Edikt, das den Verbannten die Rückkehr in ihr Land und den Wiederaufbau von Stadt und Tempel in Jerusalem gestattet. Die Fassung der späteren biblischen Niederschrift zeigt deutlich, wie positiv die jüdischen Verfasser zu Kyrus stehen:

„So spricht Kyrus, der König von Persien:
Der Herr, der Gott des Himmels, hat mir alle Reiche der Erde verliehen. Er selbst hat mir aufgetragen, ihm in Jerusalem in Juda ein Haus zu bauen. Jeder unter euch, der zu seinem Volk gehört — der Herr, sein Gott, sei mit ihm — , der soll hinaufziehen." (2 Chr 36,23 = Esra 1,2—3a)

So geschieht im Exil eine Neubesinnung auf den Gott Israels. Der sogenannte Deuterojesaja ruft das Volk dazu auf, diesen seinen mächtigen Gott mitzunehmen. Wie den babylonischen Götzenstatuen bei ihren Prozessionen, so soll Gott ein Weg geebnet werden, wenn das Volk heimzieht:

„Bahnt dem Herrn einen Weg durch die Wüste!
Baut in der Steppe eine ebene Straße für unseren Gott. ...
Sag den Städten in Juda: Seht, da ist euer Gott.
Seht, Gott, der Herr, kommt mit Macht,
er herrscht mit starkem Arm." (Jes 40,3.9—10)

Die Jahre des Exils werden also zu einer Zeit der Besinnung. Der JAHWE-Glaube kann sich nicht auf äußere Hilfen wie den Tempelkult stützen, die Größe Gottes muß neu begründet werden. Aus der Begegnung mit der stark gegliederten babylonischen Götterwelt nimmt das Volk zugleich neue Elemente mit in sein religiöses Denken auf. Im Besinnen auf die Bedeutung des eigenen Gottes JAHWE bewahrt das Volk seine Identität und gewinnt diese neu. Der Prophet Ezechiel wird deshalb auch als der „Vater des Judentums" bezeichnet. Ab der Rückkehr aus dem Exil spricht man nicht mehr vom israelitischen, sondern vom jüdischen Volk. Die in dieser Zeit geleisteten theologischen Neuansätze prägen die religiöse Entwicklung der nachfolgenden Epoche.

ANREGUNGEN ZUM WEITERDENKEN

— Lesen Sie Jes 55,8—13 (das Ende der Schrift des Deuterojesaja) und setzen Sie seine Aussagen zum Ende des Exils in Beziehung.

— Überlegen Sie, mit welchen weiteren Argumenten die Propheten der Exilzeit auf die Größe und Macht Gottes hinweisen konnten.

22. Wer hat die Welt erschaffen?

Die Frage mag Sie verwundern — war doch die Schöpfung bereits das Thema des 1. Kapitels und erscheint die Antwort doch ohnehin klar.

Aber die Frage ist bedeutsam, besonders in jenen Jahren des Exils, wovon zuvor die Rede war. Das muß wohl begründet werden: Für die Propheten dieser Zeit war es ein Grundanliegen, das Vertrauen in den Gott JAHWE wiederherzustellen. Für die Größe und Macht Gottes gab es in der religiösen Tradition des israelitischen Volkes mehrere Anhaltspunkte, hatte doch Gott mehrfach rettend und heilvoll diesem Volk beigestanden.

Aber ...! Aber schien nicht gerade die Zerstörung Jerusalems diesem Wirken Gottes zu widersprechen, ihm gleichsam den Boden zu entziehen? Wozu der Exodus, wenn jetzt die Verbannung; wozu die Landgabe, wenn jetzt der Verlust des Landes; wozu ein Gott der Väter, wenn jetzt der König tot war ...? Mit anderen Worten: Worauf bisher die Verkündigung über den Gott JAHWE bauen konnte, das hatte seine argumentative Kraft verloren.

In dieser Situation gelingt dem anonymen Deuterojesaja das entscheidende Argument. Er lenkt die Aufmerksamkeit des Volkes auf die Schöpfung.

„Jakob, höre auf mich,
höre mich, Israel, den ich berief:
Ich bin es, ich, der Erste und auch der Letzte.
Meine Hand hat die Fundamente der Erde gelegt,
meine Rechte hat den Himmel ausgespannt;
ich rief ihnen zu, und schon standen sie alle da.

Versammelt euch alle und hört —
wer von den Göttern hat so etwas jemals verkündet? —"
(Jes 48,12—14)

Damit erhält eine bislang im religiösen Denken des israelitischen Volkes selbstverständliche Tatsache eine besondere Bedeutung. Nicht, daß JAHWE als eine Schöpfergottheit erkannt würde, sondern umgekehrt: vom Gott JAHWE wird auch verkündet, daß er unter all den anderen Großtaten auch diese eine vollbracht hat: Er hat die Welt erschaffen.

Damit wird all dem, was scheinbar mit der Katastrophe von Jerusalem an Bedeutung verloren hat, sein Wirklichkeitsbezug zurückgegeben: Ein Gott, der so gewaltig handeln kann, muß größer sein als die anderen Götter. In den Prophetensprüchen rechtet Gott gleichsam mit den Götzen der anderen Völker: Er kann als Zeichen der Macht die Schöpfung vorweisen — was können die Götter dem gegenüberstellen? (vgl. z. B. Jes 45,5—7) Über diesen Gott läßt sich glaubwürdig aussagen, daß er auch nach der Schöpfungstat lebendig bleibt und handelt.

ANREGUNGEN ZUM WEITERDENKEN

— Überlegen Sie, welche Bedeutung der Hinweis auf das Schöpfungswirken Gottes heute haben kann.

— Bedenken Sie nochmals anhand der Schöpfungserzählungen (Gen 1 — 2) das schaffende Handeln Gottes. Wie können Sie sein Wirken im Sinne des Deuterojesaja charakterisieren?

23. Ein Gott, der lebt und handelt

Ein Gott der Schöpfung ist kein verborgener, zurückgezoge-
ner Gott — das war für Deuterojesaja wichtig. Es geht ihm
um das Vertrauen des Volkes in seinen Gott, auch trotz der
Zerstörung Jerusalems und gerade im Exil.

Vom Grundgedanken der Schöpfung geht der Prophet in
seiner Gottesverkündigung weiter. Wenn JAHWE sich in der
Schöpfung als mächtig erweist, ist es einsichtig, daß er es
auch in der Geschichte tut. Gott lebt mit seinem Volk, er
handelt mit ihm — das will Deuterojesaja den Verbannten in
Erinnerung rufen.

„Jetzt aber — so spricht der Herr,
der dich geschaffen hat, Jakob,
und der dich geformt hat, Israel:
Fürchte dich nicht, denn ich habe dich ausgelöst,
ich habe dich beim Namen gerufen,
du gehörst mir. ...
Vor mir wurde kein Gott erschaffen,
und auch nach mir wird es keinen geben.
Ich bin Jahwe, ich,
und außer mir gibt es keinen Retter." (Jes 43,1.10—11)

Vor dem geistigen Auge der Betroffenen läßt der Prophet
nochmals die Großtaten Gottes ablaufen:

- Gottes Handeln in der Vorzeit
  vgl. Jes 51,9—10
- Die Errettung aus Ägypten
  vgl. Jes 43,2—3
- Die Berufung des Kyrus
  vgl. Jes 44,24 — 45,8

Die damit verbundene rhetorische Frage wird nicht gestellt, aber sie drängt sich förmlich auf: Ein solcher Gott soll den Götzen anderer Völker, insbesondere Babylons, unterlegen sein? Götzen, deren Bilder nur dann zustande kommen, wenn der Mensch Hand anlegt und sie formt (vgl. Jes 44,9–20)? – Die Menschen müssen selbst darauf eine Antwort finden ...

Der Prophet geht in seinem Denken bereits einen Schritt weiter. Er schlägt die Brücke zu einer heilvollen Zukunft. Ein Gott, der in der Vergangenheit Heil gewirkt hat, wird es auch in Zukunft tun. Der Verlust des Landes und die Verbannung sind nicht das letzte Wort Gottes. In zahlreichen Bildern, in engagierten Sprüchen verkündet Deuterojesaja das neue Heil, das Gott schaffen wird. Gott wird es *schaffen,* weil er sich nicht zurückgezogen hat, sondern in seiner Zuwendung zu Israel sein Schöpfungshandeln in der Geschichte fortsetzt.

Die Rückkehr nach Jerusalem – das ist der Kern dieser Heilsbotschaft, die immer wieder in den Prophetensprüchen anklingt. Gott selbst führt sein Volk zurück in sein Land und setzt so einen Neubeginn seines Heils (vgl. Jes 42,10–17). In immer neuen Bildern wird diese Zukunft besprochen; Jerusalem wird neu erblühen (vgl. Jes 49,14 – 50,3; 52,1–12), zugleich wird Babylon das Gericht ereilen (vgl. Jes 46,1–7; 47,1–15). Die Schrift des Propheten schließt mit einem Ausblick auf den Tag der Rückkehr aus Babylon:

„Voll Freude werdet ihr fortziehen,
wohlbehalten kehrt ihr zurück.
Berge und Hügel brechen bei eurem Anblick in Jubel aus,
alle Bäume auf dem Feld klatschen Beifall." (Jes 55,12)

Das also ist der Kern der Botschaft in schwerer Zeit: Gott lebt, er hat Israel nicht vergessen, sondern er handelt auch jetzt noch in Macht. Der Schlüssel zu diesem Gottesverständnis liegt in der Größe Gottes. Er steht unübersehbar über allem, aufgrund seiner Größe handelt er. Unmittelbar vor dem zitierten Ausblick auf die Rückkehr formuliert dies Deuterojesaja in einem eindringlichen Vergleich:

„Meine Gedanken sind nicht eure Gedanken,
und eure Wege sind nicht meine Wege —
Spruch des Herrn.
So hoch der Himmel über der Erde ist,
so hoch erhaben sind meine Wege über eure Wege
und meine Gedanken über eure Gedanken." (Jes 55,8—9)

Mit einem weiteren Bild wird diese Größenordnung der Vollmacht noch erläutert:

„Denn so wie der Regen und der Schnee vom Himmel fällt
und nicht dorthin zurückkehrt,
sondern die Erde tränkt
und sie zum Keimen und Sprossen bringt,
wie er dem Sämann Samen gibt und Brot zum Essen,
so ist es auch mit dem Wort,
das meinen Mund verläßt:
Es kehrt nicht leer zu mir zurück,
sondern bewirkt, was ich will,
und erreicht all das, wozu ich es ausgesandt habe."
(Jes 55,10—11)

Das sind neue Dimensionen; es sind andere Größenordnungen, als sie für die Götzenbilder Babylons zutreffen, die von Menschenhand und aus leblosem Stoff — Holz oder Stein — angefertigt sind ...

Die Botschaft des Propheten in den Jahren des Exils ergeht in eine schwere Zeit. Sie ist ein Musterbeispiel dafür, wie der Gott JAHWE in Notzeiten verkündigt werden kann. Israels Geschichte weist die Zuversicht des Deuterojesaja als treffend, als *zu*- und *be*-treffend aus — und das gilt nicht nur in Babylon.

ANREGUNGEN ZUM WEITERDENKEN

— Lesen Sie das Spottlied auf die Götzen Jes 44,9—20. Suchen Sie nach aktuellen Vergleichen.

— Bedenken Sie die Überlegungen der letzten beiden Kapitel nochmals unter folgenden Gesichtspunkten:
  - JAHWE — der Schöpfer der Welt
  - JAHWE — der Schöpfer der Geschichte
  - JAHWE — der Schöpfer Israels
  - JAHWE — der Retter Israels

— Führen Sie Ihre Gedanken weiter zu Ihrem eigenen Leben.

24. Warum denn alles zweifach?

Vielleicht ist Ihnen dies auch schon aufgefallen: Mehrere Erzählungen begegnen in der Bibel zweimal. Besonders gilt dies für die Geschichten über die Vorzeit, sowie für die Patriarchen- und Moseerzählungen. In einem Fall haben wir dies schon ausführlicher bedacht: Die Schöpfung der Welt wird zweimal — und dazu noch hintereinander — dargestellt (vgl. Gen 1 — 2, dazu Kap. 1).

Aber es gibt nicht nur zwei Schöpfungsberichte in der Bibel. Die Berufung Abrahams wird doppelt erzählt (vgl. Gen 12; Gen 15), ebenso die Berufung und Sendung des Mose (vgl. Ex 3; Ex 6). Zweimal wird die Weisung Gottes in der Wüste überliefert (vgl. Ex 20; Dtn 5) usw. ...

Zugegeben: Der Titel übertreibt etwas: Nicht *alles* ist zweifach überliefert, aber die Überschneidungen und Doppelungen in den ersten fünf Büchern der Bibel sind nicht zu übersehen.

Das haben auch die wissenschaftlichen Schriftausleger bereits im letzten Jahrhundert festgestellt und sich natürlich darüber Gedanken gemacht. Zumindest eines war bald sicher: Aufgrund dieser und anderer, insbesondere stilistischer Unterschiede innerhalb dieser Schriftengruppe kann nicht davon ausgegangen werden, daß Mose all diese Texte geschrieben habe. Diese altehrwürdige Rückführung der „fünf Bücher Mose" auf diese bedeutende Person der israelitischen Geschichte muß also nach ihrem idealistischen Wert eingeschätzt werden.

In der Suche nach einer Lösung und Erklärung für den Befund wurde man im Grundsätzlichen allmählich einig: In den ersten fünf Büchern der Bibel haben wir es mit der redaktionellen Endfassung eines Werkes zu tun, das aus mehreren Quellschriften, sogenannten „Schichten" oder „Urkunden", zusammengefügt ist. Eine abschließende Redaktionsgruppe hatte also verschieden alte und unterschiedlich umfängliche Erzählungen von der Frühzeit Israels an (und über die Vorzeit, vgl. die Schöpfungsberichte) vor sich und schuf daraus ein gegliedertes Ganzes. Dabei wurden — wohl aus inhaltlichen Gründen — die vorliegenden Quellen nicht einfach aneinandergereiht, sondern nach thematischen Gesichtspunkten ineinander verwoben und miteinander redaktionell verknüpft.

Die Probleme liegen freilich im Detail. Nur in sehr genauen und schwierigen Untersuchungen können die ursprünglichen Quellen herausgearbeitet und abgegrenzt werden. Über die Einzelheiten sind sich die Forscher auch heute nicht einig. Generell aber kann Folgendes als gesichert angenommen werden:

■ Den ältesten Bestand bildet eine Schicht, die nach dem darin verwendeten Gottesnamen *Jahwist* (Abkürzung: J) genannt wird. Sie ist im 10. bis 9. Jh. v. Chr. entstanden und bietet eine erste durchgehende Darstellung von der Weltschöpfung (vgl. Gen 2) an. Der Verfasser verwendet den Gottesnamen JAHWE nicht erst seit der Namensoffenbarung vor Mose (vgl. Ex 3), sondern vom Beginn seiner Erzählung an.

■ Eine zweite Quelle ist im 8. Jh. im Nordreich entstanden. Sie enthält einzelne Erzählabschnitte, für die sich jedoch keine durchgängige Linie herausarbeiten ließ. Charakteristisch für die Texte ist die Verwendung der allgemeinen Gottesbezeichnung Elohim. Daraus leitete sich die Fachbezeichnung *Elohist* (Abkürzung: E) ab.

■ Unter dem Schock der Vernichtung des Nordreiches hat ein Redaktor im Südreich um 700 v. Chr. versucht, die beiden vorliegenden Quellschriften miteinander zu verbinden und zu ergänzen. Diese verknüpfende Tätigkeit hat zur Benennung *Jehowist* (Abkürzung: JE) geführt.

■ Das jehowistische Anliegen kann als Vorläufer der *deuteronomistischen* Tätigkeit im 7. Jh. v. Chr. verstanden werden. Ausgehend vom Grundbestand des Buches Deuteronomium (Dtn 1 — 30), fassen die deuteronomistischen Verfasser die bisher vorliegenden Quellschriften zusammen und verbinden damit eine theologische Systematisierung. Die 2 Kön 22 bis 23 erzählte Kultreform des Königs Joschija war wohl die Grundlage für dieses Vorgehen. Das dort erwähnte Gesetzbuch dürfte mit einer Urfassung dieser Redaktion identisch sein.

■ Die Endredaktion der vorliegenden Schriften ist in der Zeit des Exils oder der bereits erfolgten Rückkehr in das eigene Land anzusetzen. Sie wurde durch priesterliche Kreise vorgenommen, wobei hier erneut redaktionelle Tätigkeit mit der Einarbeitung einer eigenen theologischen Tradition, der sogenannten *Priesterschrift* (Abkürzung: P), verbunden wurde. Maßgeblich dafür war ein systematisierendes Denken, das die Vorbildhaftigkeit der frühen Geschichte für die Glaubens- (und Kult-)praxis der Gegenwart herausarbeitete. Als Beispiel sei auf den ersten Schöpfungsbericht hingewiesen, der die Schöpfung als Siebentagewerk Gottes darstellt — eine Abfolge, die als Urbild für die Wochenordnung und für die Sabbatvorschrift gelten kann.

Die redaktionelle Gesamtkomposition des Pentateuch [pente — fünf → fünf Schriften] ist als eine theologische Hauptleistung der Umbruch- und Aufbruchphase des ausgehenden Exils zu werten. Es wird im Wiederaufbau und Neubeginn als die maßgebliche, unumstrittene Autorität gelten (vgl. dazu Kap. 26). Die Fiktion der Mose-Autorschaft soll diesen Rang unterstreichen und damit zugleich sicherstellen,

daß die mit der Weisung Gottes verbundene frühere Heilsgeschichte Israels unangefochtene (Rechts)grundlage im neuer-
standenen Staat (und Volk) JAHWES bleibt.

ANREGUNGEN ZUM WEITERDENKEN

— Lesen Sie nochmals Gen 2,2—3 unter dem Gesichtspunkt
  der oben angedeuteten Absicht des priesterschriftlichen
  Verfassers.

— Versuchen Sie, den skizzierten Werdegang der fünf Bücher Mose schematisch darzustellen.

25. Gott bindet sich

Dieses Thema drängt sich auf, wenn wir über die religiöse Erneuerung nach dem Exil nachdenken. Aber wir hätten es auch schon früher aufgreifen können. Das Denken über einen Bund zwischen Gott und Mensch durchzieht das alttestamentliche Schrifttum und das religiöse Selbstverständnis Israels von früher Zeit an.

Die Aussage ist ja alles andere als selbstverständlich: „Gott *bindet* sich" — und das ist keine Übertreibung. Kehren wir nochmals zum Gottesnamen JAHWE zurück: „Ich bin, der für euch dasein wird" — so lautete die vorgeschlagene Übertragung und Deutung (vgl. Kap. 6). Schon dies ist eine ver-*bind*liche Aussage. Was wir bisher im Durchblick durch Israels Werdegang gesehen haben, bestätigt dies: Gott ist *da*, und er ist *für euch* da — selbst angesichts der Verbannung bleibt dies gültig.

Der Grundgedanke der Selbstbindung oder Selbstverpflichtung Gottes ist jedoch nicht einseitig; er setzt das gleiche von Israel voraus. Die religiöse Geschichtsdeutung fußt auf diesem Prinzip der Gegenseitigkeit, und so kann Geschichte als Heils- oder gegebenenfalls als Unheilsgeschichte verstanden werden (vgl. Kap. 11). Schon in den ältesten Texten der Bibel wird diese Gegenseitigkeit in der sogenannten Bundesformel zum Ausdruck gebracht. Diese Formel geht auf eine kanaanitische Eheschließungsformel zurück, die entsprechend abgewandelt wurde. Aus:

„Ich werde für dich Mann sein,

und du wirst für mich Frau sein" (und umgekehrt)

ergibt sich:

> „Ich werde für euch Gott sein,
> und ihr werdet für mich Volk sein."

Diese Formel begegnet im gesamten biblischen Schrifttum, teilweise etwas abgewandelt, teilweise nur in einer Hälfte. Im Prinzip verdeutlicht sie den Gottesnamen JAHWE und spricht Gottes Hinwendung zu Israel, sein Für-Sein aus. Im Gegenzug nimmt der darin enthaltene Anspruch Israel dahingehend in Pflicht, Volk dieses Gottes (und nicht anderer Götter oder Götzen) zu sein. Das Zweite Vatikanische Konzil sieht die Bedeutung der alttestamentlichen Zeit unter diesem Gesichtspunkt des Bundes zusammengefaßt:

> „Der liebende Gott ... schloß mit Abraham und durch
> Mose mit dem Volke Israel einen Bund. Dann hat er sich
> dem Volk, das er sich erworben hatte, durch Wort und Tat
> als einziger, wahrer und lebendiger Gott ... geoffenbart."
> (Offenbarungskonstitution IV Art. 14)

Einzelne „Stationen" dieses Bundes zwischen Gott und Mensch können die umfassende religiöse Bedeutung dieser Idee aufzeigen.

■ Nach der großen Flut und der Errettung des Noach, also schon in der Vorzeit, ist vom Bund die Rede:

> „Dann sprach Gott zu Noach und seinen Söhnen, die bei
> ihm waren: Hiermit schließe ich meinen Bund mit euch
> und mit euren Nachkommen und mit allen Lebewesen bei
> euch. ...
> Und Gott sprach: Das ist das Zeichen des Bundes, den ich
> stifte ...: Meinen Bogen setze ich in die Wolken; er soll
> das Bundeszeichen sein zwischen mir und der Erde."
> (Gen 9,8—10.12—13)

Das gewählte Zeichen dieses Bundes verdeutlicht in sinnfälliger Weise die Beziehung zwischen Gott und Mensch anhand der „Brücke" zwischen Erde und Himmel.

■ Grundlage und Vorbild des weiteren Gottesverhältnisses

Israels ist der Abrahambund. Er wird sowohl vom jahwistischen (vgl. Gen 15,18—21) als auch vom priesterschriftlichen Verfasser überliefert:

> „Als Abraham neunundneunzig Jahre alt war, erschien ihm der Herr und sprach zu ihm: Ich bin Gott, der Allmächtige. ... Ich will einen Bund stiften zwischen mir und dir und dich sehr zahlreich machen. ... Ich schließe meinen Bund zwischen mir und dir samt deinen Nachkommen, Generation um Generation, einen ewigen Bund: Dir und deinen Nachkommen werde ich Gott sein."
>
> (Gen 17,1—2.7)

■ Der gelungene Auszug aus Ägypten und die Übernahme der Weisung des Gottes JAHWE am Berg Sinai bilden die Grundlage für das Bundesverhältnis zwischen JAHWE und der Mosesippe:

> „Ihr habt gesehen, was ich den Ägyptern angetan habe, wie ich euch auf Adlerflügeln getragen und hierher zu mir gebracht habe. Jetzt aber, wenn ihr auf meine Stimme hört und meinen Bund haltet, werdet ihr unter allen Völkern mein besonderes Eigentum sein." (Ex 19,4—5)

Die im biblischen Text folgenden Abschnitte erläutern die Verpflichtungen des Volkes und den feierlichen Bundesschluß am Sinai (vgl. Ex 19—23; 24).

■ Während der Königszeit bleibt das Bundesdenken für den JAHWE-Glauben bestimmend. In die Natanverheißung ist die Bundesformel miteinbezogen (vgl. 2 Sam 7,14, dazu Kap. 15). Es ist dementsprechend konsequent, daß die Katastrophe der Tempelzerstörung und das Exil auf den ständigen Bruch des Bundes seitens des Volkes Israel zurückgeführt werden. Aber wir haben bereits gesehen: Das Ende des Exils ist zugleich Anlaß zur neuen Besinnung.

■ Die Propheten jener Epoche verheißen auch für den Bund einen Neuanfang. Insbesondere Ezechiel (vgl. Ez 36,22—38)

und Jeremia sprechen die Idee eines neuen Bundes als Vision
für eine heilvolle Zukunft aus:

> „Seht, es werden Tage kommen — Spruch des Herrn —, in
> denen ich mit dem Haus Israel und dem Haus Juda einen
> neuen Bund schließen werde, … Das wird der Bund sein,
> den ich nach diesen Tagen mit dem Haus Israel schließe —
> Spruch des Herrn: Ich lege mein Gesetz in sie hinein und
> schreibe es auf ihr Herz. Ich werde ihr Gott sein, und sie
> werden mein Volk sein." (Jer 31,31.33)

Gott wird also auf der gleichen Grundlage etwas Neues
schaffen. Ezechiel kennzeichnet diesen neuen Bund als jenen, dessen Grundlage nicht die Weisung auf Stein ist, sondern eine neue Weisung, die in das Herz aus Fleisch verzeich-
net ist. Darin kommt zum Ausdruck, daß mit der Wende des
Exils eine Intensivierung des Gottesverhältnisses verbunden
ist/sein soll; vor allem aber: Der Bund, die Bindung Gottes
bleibt, ja: Sie wird sogar intensiver. Für den Neubeginn ist
dies eine unentbehrliche Grundlage.

ANREGUNGEN ZUM WEITERDENKEN

— Überlegen Sie genauer, welches Gottesbild hinter der
Bundesvorstellung steht. Nehmen Sie dafür die Bundesformel als Grundlage. Ist es mit unserem üblichen Denken über Gott vereinbar?

— Führen Sie den Gedanken eines Bundes Gottes mit dem
Menschen in das Geschehen der Epoche des NT weiter.
Nehmen Sie dafür Mk 14,22—25 als Ausgangspunkt.

— Lesen Sie im Neuen Testament Offb 21,1—5. Welche Momente der Bundesidee können Sie feststellen?

26. Esra und Nehemia — Stifter des Judentums

Mit großen Titeln soll man vorsichtig sein, aber Ausnahmen bestätigen die Regel. Die zwei genannten Personen haben am Gelingen des neuen Anfangs nach dem Exil und somit am Fortbestand des Judentums einen überragenden Anteil.

Mit dem Kyrus-Edikt allein war es ja nicht getan. Zahlreiche Juden blieben in Babylon, da sie sich dort bereits niedergelassen hatten — immerhin dauerte die Verbannung 50 Jahre, das sind zwei Generationen. Sie mühten sich um eine Pflege ihres Glaubens, die vor allem auf der Lesung der Schrift und deren Erläuterung in der wöchentlichen Zusammenkunft [→ Synagoge] zum Gottesdienst und in der Pflege ihrer spezifischen Unterscheidungszeichen (Beschneidung, Sabbat) gründete. Jene, die nach Palästina zurückkehrten, mußten mit den äußeren Schwierigkeiten von Neuankömmlingen fertig werden. Die zurückgelassene Bevölkerung hatte sich mit der Besatzungsmacht arrangiert und besaß dementsprechend Vorteile gegenüber den Heimkehrern. Überdies gab es Kreise aus dem ehemaligen Nordreich, die der Idee eines Neuaufbaus von Stadt und Tempel in Jerusalem skeptisch bis ablehnend gegenüberstanden — wurde doch damit ihr eigenes Zentrum Samaria abgewertet.

So ist es zu erklären, daß die Wiedererrichtung des Tempels auch nach einer Bautätigkeit von zwei Jahrzehnten noch nicht abgeschlossen war. Erst 515 v. Chr. war das Vorhaben vollendet. Selbst 80 Jahre nach dem Kyrus-Edikt sind die Stadtmauern Jerusalems noch nicht aufgebaut. Das bedeutet, daß die Stadt gegen mögliche Angreifer nicht geschützt ist.

Esra und Nehemia stehen in dieser Situation für die entscheidende Wende. Esra stammte aus priesterlichen Kreisen. Er wurde von der jüdischen Gemeinde in Babylon aus Sorge um den religiösen Verfall der nach dem Exil heimgekehrten Menschen nach Jerusalem geschickt. Vermutlich kam er 458 v. Chr. (eventuell auch erst später) dorthin. Sein besonderes Anliegen war die Beobachtung des Gesetzes und die Reinerhaltung des Judentums. Der spätere Verfasser des gleichnamigen biblischen Buches bringt Esra auch mit der Einrichtung des geordneten Tempelkultes und mit dem Verbot, bzw. der Auflösung von Mischehen in Verbindung. Dahinter spiegelt sich das Anliegen einer grundlegenden und dauerhaften Reform des Judentums, die dessen untadeligen Bestand gerade im Mutterland garantieren sollte.

Hand in Hand damit gehen die Bemühungen Nehemias. Er war Beamter am Hof des persischen Königs Artaxerxes und wurde von diesem 445 v. Chr. zum Statthalter über das Gebiet des früheren Königreiches Juda (Südreich) ernannt. Zu seinen Verdiensten gehört die Organisation der Errichtung neuer Stadtmauern, die trotz großer Widerstände in 52 Tagen durchgeführt werden konnte. Obwohl Nehemia als politischer Vertreter nach Jerusalem gekommen war, lag ihm als gläubigem Juden das Erneuerungsprogramm des Esra am Herzen. Das markanteste Ereignis der gemeinsamen Tätigkeit war die Neuverkündigung der Weisung Gottes. Am Versöhnungstag des Jahres 444 v. Chr. las Esra dem Volk das Gesetz vor und erklärte es in Anwesenheit des Nehemia. Sodann verpflichtete er das Volk auf diese Weisung:

„Der Statthalter Nehemia, der Priester und Schriftgelehrte Esra und die Leviten, die das Volk unterwiesen, sagten dann zum Volk: Heute ist ein heiliger Tag zu Ehren des Herrn, eures Gottes. Seid nicht traurig und weint nicht! Alle Leute weinten nämlich, als sie die Worte des Gesetzes hörten. Dann sagte Esra zu ihnen: Nun geht, haltet ein festliches Mahl, und trinkt süßen Wein! Schickt auch denen etwas, die selbst nichts haben; denn heute ist ein heiliger Tag zur Ehre des Herrn. Macht euch keine Sorgen; denn die Freude am Herrn ist eure Stärke." (Neh 8,9—10) Diese Neuproklamation der Weisung Gottes bildete die Grundlage für das wiedererstandene Staatsgefüge. Dem Reformwillen und der Durchschlagskraft der zwei Persönlichkeiten ist es zuzuschreiben, daß aus der losen Gruppe der Heimgekehrten eine feste, solidarische Volksgemeinschaft entstehen konnte. Ihre innere Mitte bildeten weiterhin (und erneut) der Glaube an den Gott JAHWE, das Festhalten an seiner Weisung und die Verehrung dieses Gottes im wieder möglichen Tempelkult.

ANREGUNGEN ZUM WEITERDENKEN

— Lesen Sie das große Bußgebet in Neh 9,6—37. Bedenken Sie dabei vor allem jene Elemente, die über den konkreten Zeithorizont hinausgehen und bleibend Gültigkeit haben.

— Vergleichen Sie diesen Abschnitt mit Esra 9,5—15. Suchen Sie nach Hinweisen darauf, daß die Verfasser beider Schriften ähnliche Anliegen verfolgen.

— Lesen Sie den ganzen Textabschnitt Neh 8,1—12 und achten Sie auf die persönliche Ergriffenheit des Verfassers. Können Sie daraus auf die Bedeutung des berichteten Geschehens schließen?

27. Ijob war gerecht

Unter den Schriften des Alten Testaments sind neben den sogenannten „geschichtlichen" und neben den Prophetenbüchern mehrere Lehrschriften überliefert. Sie wollen anhand einer erzählten Einzelgeschichte ein allgemeines Problem oder eine grundsätzliche Frage aufgreifen und eine Antwort, bzw. einen Lösungsweg vorschlagen.

> „Im Lande Uz lebte ein Mann mit Namen Ijob. Dieser
> Mann war untadelig und rechtschaffen; er fürchtete Gott
> und mied das Böse." (Ijob 1,1)

Mit dieser Charakterisierung der Hauptperson beginnt das Buch Ijob, die große Geschichte vom rechtschaffenen Menschen, dem unendliches Leid zustößt. Der Verfasser, der diese Erzählung niedergeschrieben hat, greift damit eine Menschheitsfrage auf — die Frage nach dem Warum des Leids, der Schicksalsschläge, der menschlichen Not.

Die Lösungswege des Ijobbuches sind mehrschichtig. Die Rahmenerzählung (Ijob 1,6—12; 2,1—6) unterstellt zunächst, daß ein menschenfeindlicher Ankläger und Versucher, *Satan* genannt, für das Leid des Menschen Verantwortung trägt. Er füge es dem Menschen zu, um ihn so zum Ungehorsam gegen Gott zu verführen. Aber selbst diese Erklärung versagt im Falle des frommen Ijob. Sein Glaube und sein Gottvertrauen sind größer als die Anfechtung, sich gegen Gott zu kehren.

> „Der Herr hat gegeben, der Herr hat genommen;
> gelobt sei der Name des Herrn." (Ijob 1,21)

In dieser Haltung liegt viel Vorbildhaftigkeit. Der Verfasser hebt dies auch hervor und vermerkt ergänzend, Ijob habe

„bei all dem" nicht gesündigt und „nichts Ungehöriges gegen Gott" geäußert (vgl. Ijob 1,22). Damit ist aber lediglich die Haltung des Menschen aufgezeigt; eine Lösung der Frage nach dem Woher und dem Warum des Leids steht noch aus.

Zumindest ist schon durch die Beschreibung Ijobs mit einer alten Auffassung gebrochen, die Leid und menschliche Schuld grundsätzlich miteinander verknüpfen will. Diese Denkweise steht ja generell hinter der Geschichtsdeutung Israels — wie wir bereits gesehen haben (vgl. Kap. 11). Wenn aber den gerechten Ijob Leid und Not treffen, dann kann man wohl nicht unmittelbar vom einen auf das andere schließen! —

In der Erzählung nimmt die Not des Ijob weiter zu; in den Ratschlägen der vermeintlichen Freunde wird Ijob geschmäht: All das Gute, das er getan hat — was nütze es ihm jetzt. Ijob wehrt ihrer Rede. Er bedenkt nochmals sein gesamtes, gutes Leben und ruft nach einer Antwort zu Gott (vgl. Ijob 29 — 31). Zunächst ergreift Elihu, der sich als wahrer Freund erweist, das Wort. Seine Rede weist jene in die Schranken, die Ijob verhöhnen; zugleich zeigt er Ijobs Grenzen auf, da Gott der viel Größere und der ganz andere ist, vor dem man sich nicht als gerecht betrachten darf. Den Höhepunkt der Erzählung bilden die zwei Reden Gottes (vgl. Ijob 38 — 41).

„Da antwortete der Herr dem Ijob aus dem Wettersturm und sprach: ..." (Ijob 38,1; 40,6)

Schon diese Redeeinleitung deutet auf den Argumentationsgang hin. Die Fragestellung wird als unzulässig zurückgewiesen, ein „Rechten" mit Gott kommt dem Menschen nicht zu. Gott fragt demgegenüber die Schöpfungskompetenz des Menschen an:

„Wo warst du, als ich die Erde gegründet?
Sag es denn, wenn du Bescheid weißt.

Wer setzte ihre Maße? Du weißt es ja.

Wer hat die Meßschnur über ihr gespannt?

Wohin sind ihre Pfeiler eingesenkt? ..." (Ijob 38,4—6)

Es mag uns auffallen, daß auch in dieser Schrift mit der Schöpfungsvollmacht Gottes argumentiert wird. Ihre Entstehung wird allgemein in das 5. Jh. v. Chr., also in die Phase der Neuorientierung nach dem Exil, datiert.

In der Überwindung des Leids ist der Mensch auf das Vertrauen darauf verwiesen, daß Gott dem Geplagten in der Bedrängnis sein Ohr öffnet (so Ijob 36,15). In dieser Grundhaltung bewältigt Ijob letztlich all seine Not. In der Rahmenerzählung wird das Schicksal Ijobs daher auch wieder zum Guten gewendet (vgl. Ijob 42,7—17).

Das Geheimnis des Leids aber bleibt in der Größe Gottes verborgen.

ANREGUNGEN ZUM WEITERDENKEN

— Vergleichen Sie Ijob 1,6—12; 2,1—6 mit Sach 3,1—7; 5,5—11 und achten Sie dabei auf ähnliche Denkmuster.

— Lesen Sie die Gottesreden Ijob 38 — 41; bedenken Sie die Argumentation und die vorgebrachten Beispiele.

— Versuchen Sie, die Liste der Beispiele zu ergänzen und zu aktualisieren.

— Stellen Sie der Deutung des Ijobbuches andere, ihnen bekannte Erklärungsversuche für das Leid gegenüber.

28. Liebeslieder in der Bibel?

Ja, das gibt es. Im sogenannten „Hohelied" wird die sehnsüchtige Liebe zweier Menschen zueinander besungen, ja, gleichsam dokumentiert. In der ursprünglichen Benennung heißt diese Schrift „Lied der Lieder" — was auf ihre Bedeutung und ihre Einzigartigkeit hinweist.

Das Hohelied enthält eine Sammlung von werbender Liebeslyrik. Gerne wurde die Schrift mit König Salomo und seiner Liebe zur Sulamitin in Beziehung gebracht. Tatsächlich haben wir jedoch zahlreiche, ursprünglich wohl unabhängig voneinander entstandene Liebeslieder vor uns. Dabei ist weniger an Hochzeitsgesänge zu denken. Der werbende, oft verlangende Charakter der Texte spiegelt eher die Gefühle von Menschen, die einander finden und sich zu einer Liebesgemeinschaft verbinden möchten.

„Ach wärst du doch mein Bruder,
genährt an der Brust meiner Mutter.
Träfe ich dich dann draußen,
ich würde dich küssen;
niemand dürfte mich deshalb verachten." (Hld 8,1)

In der heutigen Fachwelt herrscht Übereinstimmung darüber, daß diese Texte ursprünglich als Liebesgedichte entstanden sind. Ihre weitausholende, zarte Bildersprache enthält eine verborgene Erotik, die für uns heute nicht immer verständlich ist. Sie muß vor dem Hintergrund jüdischen Denkens der nachexilischen Zeit gedeutet werden.

Ab ihrer Sammlung und Zusammenstellung zu einer Schrift wurden die Texte offenbar in übertragenem Sinn verstanden und auf das Verhältnis Gottes zu den Menschen umgedeutet. Schon um die Zeitenwende haben jüdische Schriftgelehrte den Mißbrauch des Textes für profane Zwecke verboten.

Dies ist umso erstaunlicher, als das Wort „Gott" in dieser biblischen Schrift nicht vorkommt! Die Zuordnung der Schrift in den religiösen Bereich geschah zumindest damals noch kaum aufgrund der darin enthaltenen erotischen Züge. Vielmehr konnte man in dieser Lyrik bildhafte Hinweise für das Bedenken des eigenen Gottesverhältnisses erkennen.

Das läßt bedeutsame Rückschlüsse auf die vorherrschende Gottesvorstellung zu: Über diesen Gott und seinen Umgang mit den Menschen kann man in unbefangener Weise in der leidenschaftlichen Sprache partnerschaftlichen Liebeswerbens sprechen und nachdenken.

Mit dem Hohelied wird in besonderer Ausprägung ein alter Darstellungsfaden aufgegriffen. Schon im Bedenken der Bundesformel war aufgefallen, daß diese gegenseitige Zusage aus dem Eherecht stammt (vgl. Kap. 25). Das Bild einer Ehe oder einer Liebesbeziehung wird immer wieder herangezogen, um Gottes Zuwendung zum Menschen, des öfteren auch, um des Menschen Untreue gegenüber Gott darzustellen (vgl. z. B. Jes 54,5—7; Jer 2 — 3; Ez 16,6—14; Hos 1 — 3). Im Hohelied kommen dabei die Sehnsüchte nach Geborgenheit, nach nicht abgegrenzter Gemeinschaft, nach umfassender Ganzheitlichkeit besonders intensiv zum Ausdruck.

Dahinter spiegelt sich die Überzeugung, daß die Liebesbeziehung Gottes zum Menschen am ehesten in menschlicher Liebesgemeinschaft abgebildet werden kann — ein Grundgedanke, der die Nähe der biblischen Schriften zum menschlichen Alltag unterstreicht. Das Zweite Vatikanische Konzil hat diese Darstellungsweise ebenfalls aufgegriffen:

„In dieser Offenbarung redet der unsichtbare Gott aus überströmender Liebe die Menschen an wie Freunde und

verkehrt mit ihnen, um sie in seine Gemeinschaft einzuladen und aufzunehmen."
(Offenbarungskonstitution I Art. 2)

ANREGUNGEN ZUM WEITERDENKEN

— Vergleichen Sie Hld 8,6—7 mit dem neutestamentlichen Text 1 Kor 13,4—8 und suchen Sie nach gedanklichen Gemeinsamkeiten.

— Suchen Sie im Hohelied Textabschnitte, die den zitierten Konzilstext erläutern können.

29. Gott hat eine Partnerin

Zugegeben: ein etwas gewagter Titel, und wohl auch ein wenig übertrieben, aber für eine bestimmte Denkströmung im nachexilischen Judentum der Sache nach zutreffend.

Die „Partnerin" Gottes, von der die Rede sein soll, ist die Weisheit. In fünf biblischen Schriften der nachexilischen Zeit (Spr, Ijob, Koh, Weish, Sir) wird sie beschrieben und entfaltet. Die Weisheit kann als die rechte Lebensordnung verstanden werden, in der der Wille Gottes und menschliche Erfahrung und Klugheit zu einer umfassenden Einheit verbunden werden. Darin zeigt sich die ordnende Fürsorge Gottes, die nicht nur im Blick auf das gesamte Volk Geltung hat, sondern auch im Alltag des einzelnen Menschen wirksam wird.

Der Weisheit kommt eine besondere Stellung und Bedeutung zu. Ihr Vorrang besteht vor allem darin, daß ihre Existenz vor das Werden der Schöpfung rückdatiert wird:

„Der Herr hat mich geschaffen im Anfang seiner Wege,
vor seinen Werken in der Urzeit;
in frühester Zeit wurde ich gebildet,
am Anfang, beim Ursprung der Erde.
Als die Urmeere noch nicht waren,
wurde ich geboren,
als es die Quellen noch nicht gab, die wasserreichen. ...
Noch hatte er die Erde nicht gemacht und die Fluren
und alle Schollen des Festlands.
Als er den Himmel baute, war ich dabei ...
Ich war als geliebtes Kind bei ihm.
Ich war seine Freude Tag für Tag
und spielte vor ihm allezeit." (Spr 8,22—24.26—27.30)

Was als grundlegende Eigenschaft Gottes und als ordnendes Element der Schöpfung zu verstehen ist, wird in solchen Beschreibungen gleichsam personifiziert. Die Weisheit nimmt im Umfeld Gottes Person und Gestalt an, sie wird zur begleitenden Partnerin Gottes bei der Schöpfung und ist als solche bestimmend dafür, daß die Schöpfungsordnung sich im Leben des einzelnen konkretisieren kann.

Die Voraussetzung im Streben nach der Weisheit ist die Gottesfurcht, also die Suche nach und die Übereinstimmung mit seiner Weisung (vgl. Spr 9,10). Diese Haltung hat nicht nur im religiösen Bereich, sondern im gesamten Lebensumfeld ihre Folgen. Daraus ist verständlich, daß in der Sammlung der Weisheitssprüche scheinbar weltliche neben ausgesprochen religiösen Erkenntnissen stehen: Für den Menschen, der nach Weisheit strebt, bildet sich im Blick auf die Ordnung der Schöpfung daraus eine umfassendere Einheit.

Die Personifizierung der Weisheit [griechisch: *sophía*] hat in der neueren Theologie Anlaß zu weiterführenden Überlegungen gegeben. Sie wird als Entsprechung zur Personifizierung des *lógos* (Wort) mit Jesus Christus im Johannesevangelium (vgl. Joh 1,1–18) gesehen und als das weibliche Element in Gott identifiziert. Tatsächlich dürften in der Weisheitsvorstellung des Judentums die Reste der früheren Verehrung einer Schulgottheit erhalten geblieben sein.

ANREGUNGEN ZUM WEITERDENKEN

— Lesen Sie den ganzen Abschnitt Spr 8,12–36. Beachten Sie dabei das eigenständige, selbstbewußte Auftreten der Weisheit.

— Vergleichen Sie die Beschreibung der Weisheit in Gegenüberstellung zur Torheit in Spr 9,1—12.13—18. Achten Sie
   besonders auf die religiösen und ethischen Schlußfolge-
   rungen.

— Setzen Sie zu diesen Texten die Charakterisierung der
   Weisheit in Weish 7,22 — 8,1 in Beziehung und benennen
   Sie die Unterschiede.

— Überlegen Sie, unter welchem Blickwinkel das Buch Ijob
   zur Weisheitsliteratur gerechnet werden kann.

30. Beten mit der Bibel

Bringen wir die Stichworte „Gebet" und „Bibel" zueinander in Beziehung, kommt wohl als erstes die Sammlung der Psalmen in den Sinn. Natürlich wäre es kurzsichtig, nur in dieser Schrift Gebete der Bibel zu orten. Wir haben z. B. das Lied der Mirjam bedacht (vgl. Kap. 9) oder das Tempelweihegebet des Königs Salomo (vgl. Kap. 15). Beide Texte stehen an ganz anderer Stelle in der Bibel. Dennoch: Die Psalmen ragen hier in vielfacher Hinsicht heraus.

Der Überlieferung nach gehen die Psalmen auf David zurück. Des öfteren finden wir auch in der Überschrift neben den Anweisungen für den Chormeister, der den Psalmengesang begleiten und leiten sollte, den Hinweis:

„Ein Psalm Davids."

Manchmal ist dies sogar mit einer Situationsangabe über die Entstehung verbunden:

„Ein Psalm Davids, als er vor seinem Sohn Abschalom floh."

„Ein Klagelied Davids, das er dem Herrn sang wegen des Benjaminiters Kusch."

„Ein Psalm Davids, als der Prophet Natan zu ihm kam, nachdem sich David mit Batseba vergangen hatte."

(Ps 3,1; 7,1; 51,1—2)

Ohne Zweifel stammen einige Psalmen aus dieser frühen Zeit. Die Sammlung der 150 Psalmen umfaßt jedoch einen Querschnitt des Gebetsschatzes des jüdischen Volkes durch viele Jahrhunderte. Erst im 2. Jh. v. Chr. erfolgte die Zusammenstellung der vorliegenden Sammlung. (Manche Forscher datieren diesen Vorgang sogar erst in das 1. Jh. n. Chr.).

Die große Zeitspanne der Entstehungszeit ist ebenso zu beachten wie die große inhaltliche Vielfalt der Psalmen. Diese hängt zumeist mit der konkreten Entstehungs- oder Verwendungssituation zusammen:

Schon früher waren wir auf die sogenannten „Königspsalmen" gestoßen, in denen JAHWE als König besungen wird (vgl. Kap. 14). Dazu zählen die Psalmen 47; 93 — 100. Ihre Verwendung oder Entstehung kann auf besondere Anlässe zurückgehen, die mit dem Königtum Gottes zusammenhängen.

Unter den Psalmen finden sich zahlreiche Wallfahrtslieder, die ursprünglich als Gebet auf dem Weg nach Jerusalem gedacht waren. In diesem Zusammenhang sind auch die sogenannten „Zionslieder" zu nennen, die Gott an seiner „Wohnstatt" im Jerusalemer Tempel verherrlichen. Andere Psalmen preisen Gott als den Schöpfer der Welt; sie werden als „Schöpfungslieder" bezeichnet (vgl. z. B. Ps 8; 19). Die „Torapsalmen" besingen den Wert der Weisung Gottes (z. B. Ps 119). Die „Lehrpsalmen" wollen Anweisung für bestimmte Lebenshaltungen geben (z. B. Ps 1; 112; 127). Heilsgeschichtliche Psalmen erinnern an die Großtaten Gottes an Israel (z. B. 114; 135; 136).

Auch gänzlich gegensätzliche Beispiele seien genannt: Die Fluchpsalmen verdanken ihre Entstehung der extremen Notsituation des Volkes oder eines einzelnen Beters (vgl. z. B. Ps 137). Im Munde des reumütigen Sünders sind die Bußpsalmen vorstellbar, usw.

Über eine allgemeingültige Einteilung der Psalmen nach ihrer strukturellen Eigenart wurde viel diskutiert und geforscht. Sinnvoll erscheint eine Gliederung in drei Gruppen:
■ Der *Hymnus* ist ein Lobpreis Gottes, bei dem das Moment des Lobes im Vordergrund steht. Dieses Gebet ist auf Gott ausgerichtet und hat zumeist eine bestimmte theologische

Aussage über Gott zum zentralen Inhalt; dies kann z. B. die Schöpfung sein (so Ps 8) oder die Größe Gottes (so Ps 65; 134). Merkmal dieser Gebetsgattung ist das Fehlen der Bitte. In dieser Gebetsform steht Gott in seiner Herrlichkeit im Zentrum; dies ist zugleich einziger Inhalt des Lobgesangs.

■ Das *Danklied* nimmt das Wirken Gottes zum Ausgangspunkt des Dankes und des Lobes. Das rettende Handeln Gottes wird erzählt und mit dem Dank für die Erhörung der vorangegangenen Bitte verbunden (vgl. z. B. Ps 18; 66; 147).

■ Im *Klagelied* bringt der Beter bittend seine Not vor Gott. Meist wird sie ausführlich dargestellt und sodann mit der Bitte um Gottes Beistand und Errettung verbunden. Dabei gesteht der Beter seine Schuld und seine Schwachheit ein und bringt damit zum Ausdruck, daß all sein Vertrauen auf seinen Gott gerichtet ist (vgl. z. B. Ps 22; 51; 130). Charakteristisch für diese Texte ist die Einbindung des Gotteslobes auch in die Klage der Not.

In den Psalmen begegnet der einzelne Beter oder die betende Gruppe/das betende Volk JAHWE als einem zugewendeten, immer zur Hilfe bereiten Gott. Dieser Gott kann überdies unmittelbar und direkt angesprochen werden und greift selbst helfend ein. Er erweist sich als die letzte Zuflucht des Menschen, zugleich wird JAHWE als der einzig wahre, machtvolle Gott besungen. Die literarische Intensität und die religiöse Tiefe der Psalmen spiegelt den reichen Erfahrungshintergrund, der hinter diesen Texten steht. Die Wirkgeschichte dieser uralten Gebete unterstreicht dies bis in die heutige Zeit.

ANREGUNGEN ZUM WEITERDENKEN

— Lesen Sie die in diesem Kapitel genannten Psalmen und bedenken Sie dabei die angesprochenen inhaltlichen oder strukturellen Bezugsmomente.

— Lesen Sie Ps 23 und vertiefen Sie das darin verwendete Bild Gottes. Setzen Sie es in Beziehung zum neutestamentlichen Text Joh 10,1—10.

— Lesen Sie Ps 136. Ersetzen Sie die Hinweise auf die Heilsgeschichte durch Ereignisse in Ihrem Leben, die ihnen den refrainartigen Lobpreis Gottes möglich machen.

31. Wie sieht die Zukunft aus?

Um es vorwegzunehmen: Die nachexilische Zeit bringt für das Judentum nicht die erhoffte Erfüllung alter Erwartungen. Zwar wird der Tempel wiedererrichtet, Jerusalem wird erneut aufgebaut. Eine durchschlagende religiöse Blütezeit bleibt jedoch vorenthalten. Das politische Schicksal des Volkes hängt zunächst von den jeweiligen persischen Königen, sodann von anderen Fremdherrschern ab: den Mazedoniern, den Diadochen, den Syrern, schließlich den Römern (vgl. Kap. 17). Die Propheten jener Epoche — es sind vor allem Haggai, Sacharja, Joël, Obadja, Maleachi, sowie Daniel — blicken angesichts dieser Situation in eine fernere Zukunft.

Die entstehenden Modelle der Gegenwartswertung und der damit verbundenen Zukunftsdeutungen werden mit einem Sammelnamen als „Apokalyptik" bezeichnet [Apokalypse bedeutet griechisch: Offenbarung, Kundgabe]. Diesen Vorstellungen liegt eine realistisch-pessimistische Einschätzung der Gegenwart zugrunde, von der keine Änderung zum Guten zu erhoffen ist. Demnach ist die gesamte Hoffnung auf die von Gott gewirkte Zukunft zu richten, die in den entsprechenden Überlegungen oder Schriften offen dargelegt wird (vgl. den Namen).

Die dargestellte Zukunft liegt jenseits dieser Welt. Sie ist bestimmt von einer endgültigen Überwindung der bösen Mächte, die unter der Anführung Satans die gegenwärtige Weltzeit verdorben haben. Hand in Hand damit geht die Vernichtung aller Feinde des glaubenden Menschen. Diese endzeitliche Auseinandersetzung wird unter Heranziehung zahlreicher Bilder, Symbole und geheimnisvoller, teilweise verschlüsselter Anspielungen beschrieben. Entscheidend für diesen Kampf ist der Sieg Gottes, durch welchen dem von Gott vorgesehenen Heil zum unwiderruflichen Durchbruch verholfen wird.

Schon ältere Texte des Alten Testaments (vgl. insbesondere Jes 24 — 27; 34 — 35; später sodann Ez 38 — 39) lassen erkennen, daß diese Vorstellungsweise nicht ausschließlich nachexilischer Herkunft ist. Ihre besondere Entfaltung findet sie jedoch in den letzten vorchristlichen Jahrhunderten. Hier zeigt sich in deutlichem Kontrast zur äußeren Situation des Volkes die Vollmacht Gottes in seinem zukünftigen Handeln:

> „An jenem Tag — Spruch des Herrn der Heere — werde ich die Namen der Götzenbilder im Land ausrotten, so daß man sich nicht mehr an sie erinnert. Auch die Propheten und den Geist der Unreinheit werde ich aus dem Land vertreiben. ...

> Im ganzen Land — Spruch des Herrn — werden zwei Drittel vernichtet, sie werden umkommen, nur der dritte Teil wird übrigbleiben. Dieses Drittel will ich ins Feuer werfen, um es zu läutern, wie man Silber läutert, um es zu prüfen, wie man Gold prüft. Sie werden meinen Namen anrufen, und ich werde sie erhören. Ja, ich werde sagen: Es ist mein Volk. Und das Volk wird sagen: Jahwe ist mein Gott."
> (Sach 13,2.8—9)

Dieses machtvoll-furchtbare Handeln Gottes hat die Fülle des Bundes und die endgültige Gemeinschaft der Glaubenden mit Gott zum Ziel. Vereinzelt wird in diesen Vorstellungen deutlich, daß sich JAHWE zur Erfüllung dieser Zukunft eines Mittlers bedient, der als mit Vollmacht ausgestatteter Gesandter Gottes diese heilvolle Zukunft wirken wird:

> „Da kam mit den Wolken des Himmels
> einer wie ein Menschensohn.

Er gelangte bis zu dem Hochbetagten
und wurde vor ihn geführt.
Ihm wurden Herrschaft,
Würde und Königtum gegeben.
Alle Völker, Nationen und Sprachen
müssen ihm dienen.
Seine Herrschaft ist eine ewige,
unvergängliche Herrschaft.
Sein Reich geht niemals unter." (Dan 7,13—14)

Diese Vision von einem endzeitlichen Herrscher prägt die sogenannte Daniel-Apokalypse (Dan 7 — 12). Während außerbiblische und außerjüdische apokalyptische Texte teils mit einer Zukunftskatastrophe enden, verweisen die biblischen Beispiele dieser Gattung darauf, daß Gottes Heilswille sich durchsetzt.

Die apokalyptischen Texte der Bibel gehören zu jenen Abschnitten, die — obwohl ihre allgemeine Aussageabsicht leicht erkennbar ist — im einzelnen am schwierigsten zu deuten sind. Sie dürfen dabei weder ihres Bildcharakters noch ihrer Einbindung in bestimmte Denkvorstellungen entkleidet werden. In ihrer gedanklichen und begrifflichen Eigenart stellen sie ein eindrückliches Zeugnis des JAHWE-Glaubens in einer schwierigen Epoche dar. Denn wenngleich der Apokalyptiker die Hoffnung auf die Besserung dieser Welt aufgegeben hat, so bleibt er dennoch von der Gewißheit getragen, daß JAHWE sein Heil einmal wirkt — auch wenn dies [erst] in einer absoluten Zukunft geschehen wird.

ANREGUNGEN ZUM WEITERDENKEN

— Lesen Sie Joël 4,9—17 und versuchen Sie, die in der Darstellung herangezogenen Bilder zu erklären.

— Vergleichen Sie Sach 13,9 mit dem neutestamentlichen Text Offb 21,3 unter dem Gesichtspunkt des Bundesdenkens und halten Sie Gemeinsamkeiten fest.

— Überlegen Sie, welche gedanklichen Anknüpfungspunkte der Abschnitt Dan 7,13—14 für den christlichen Leser bieten kann.

32. Wen wird Gott salben?

Kehren wir nochmals zur Frage zurück, wer in Israel tatsächlich der König sei (vgl. Kap. 14). Im Zusammenhang der Erzählung über die Amtseinsetzung des Saul zum ersten König über Israel ist auch von seiner Salbung mit Öl die Rede:

> „Da nahm Samuel den Ölkrug und goß Saul das Öl auf das Haupt, küßte ihn und sagte: Hiermit hat der Herr dich zum Fürsten über sein Erbe gesalbt." (1 Sam 10,1)

Die Salbung ist fortan Zeichen der königlichen Würde. Die Bezeichnung *masiah jahwe* — der Gesalbte Jahwes — steht insbesondere im Zuge der Natansverheißung an David (2 Sam 7,12—16, vgl. dazu Kap. 15) in Verbindung mit dem davidischen Königtum.

Hinter diesem Zeichen der königlichen Würde steht eine uralte Zeichenhandlung der Aussonderung für Gott. So werden der Altar, der Priester, der Prophet als Zeichen dafür gesalbt, daß sie nunmehr Gott angehören. In der Königssalbung hat sich diese Bedeutung besonders ausgeprägt und erhalten. Das Königtum geht mit dem babylonischen Exil zu Ende. Aber die Idee eines von Gott gesalbten Herrschers bleibt lebendig. „Der Gesalbte Jahwes" — in der uns geläufigen Übertragung: „der Messias" — wird für eine Zeit erwartet, in der Gott seine Rettungszusage endgültig einlösen wird.

Zu verschiedenen Epochen der alttestamentlichen Zeit verbinden sich mit dieser Hoffnung auf den Messias unterschiedliche Vorstellungen. Schon zur Zeit der Könige sehen die Propheten das Königtum Gottes in einem anderen Herrscher repräsentiert, der stärker als die israelitischen Könige den Willen Gottes verwirklichen wird:

„Aber du, Betlehem-Efrata,
so klein unter den Gauen Judas,
aus dir wird mir einer hervorgehen,
der über Israel herrschen soll.
Sein Ursprung liegt in ferner Vorzeit,
in längst vergangenen Tagen." (Mi 5,1)

Neben königlichen Elementen enthält die Messiaserwartung auch deutlich prophetische Züge. Im letzten Teil des Jesajabuches, das einem unbekannten Propheten der nachexilischen Zeit zuzuschreiben ist (man bezeichnet ihn als „Dritten Jesaja" — Tritojesaja) wird eine prophetische Führergestalt für den Neubeginn des jüdischen Volkes erwartet:

„Der Geist Gottes, des Herrn, ruht auf mir;
denn der Herr hat mich gesalbt.
Er hat mich gesandt, damit ich den Armen
eine frohe Botschaft bringe
und alle heile, deren Herz zerbrochen ist. ..." (Jes 61,1)

Mit den prophetischen Zügen der Messiasgestalt ist die Beziehung zu einer etwas älteren Vorstellung hergestellt. In der Sichtweise des Deuteronomiums wird Gott gleichsam einen „neuen Mose" erwecken:

„Damals sagte der Herr zu mir [Mose]: ...
Einen Propheten wie dich will ich ihnen mitten unter ihren Brüdern erstehen lassen." (Dtn 18,17—18)

Wir sehen also: Verschiedene Gesichtspunkte verbinden und vermischen sich miteinander. In der Apokalyptik der späteren nachexilischen Zeit erhält der erwartete Messias die Züge eines endzeitlichen, machtvollen Herrschers, der gleich einem Kriegsherrn den Feldzug gegen die gottfeindlichen Mächte gewinnen wird (vgl. Dan 7,13—14, dazu Kap. 31). Daß sich mit all diesen Hoffnungen jeweils auch konkrete geschichtliche und politische Erwartungen verbunden haben, darf angesichts der leidvollen Unterdrückungsgeschichte des jüdischen Volkes in der nachexilischen Zeit nicht verwundern. Wen also wird Gott salben? Die Vorstellungen über den Messias lassen sich nicht ohne weiteres auf einen Nenner bringen oder gar vereinheitlichen. In den außerbiblischen religiösen Schriften des Judentums nimmt ihre Vielfalt und ihre verschiedenartige Ausformung noch zu, so daß es um die Zeitenwende sehr verschiedene Hoffnungen in diese Richtung gab.

Eindeutiger ist aus der Sicht der alttestamentlichen Verfasser die Grundsatzaussage klar zu bejahen: Gott *wird* jemand salben, oder — anders gesagt: Die Hoffnung auf einen Messias gehört zunehmend zu den tragenden Elementen des alttestamentlichen Gottesglaubens. Dies hängt vor allem mit dem Gottesnamen JAHWE sowie mit der Vorstellung von JAHWE als dem stets treuen Bundesgott zusammen.

Der Weg zu einem neuen Schritt der Heilsgeschichte Gottes ist also klar vorgegeben, auch wenn über die konkrete Form verschiedene Denkweisen bestehen. Aber ohne Zweifel: Gott bleibt sich selbst treu, er wird rettend handeln.

ANREGUNGEN ZUM WEITERDENKEN

— Rufen Sie sich in Erinnerung, was Sie selbst über den Messias wissen. Setzen Sie es in Beziehung zu den Aussagen dieses Kapitels.

— Lesen Sie zu Mi 5,1 den neutestamentlichen Text Mt 2,1—12. Bedenken Sie die inhaltlichen Bezüge.

— Lesen Sie Jes 61,1—3 und dazu den neutestamentlichen Text Lk 4,16—21. Formulieren Sie das hier angewendete Argument.

33. *T^enak* ist kein Zauberwort

Rückblick oder Ausblick — was soll an dieser Stelle, am Ende des Buches, stehen? Wir versuchen beides.

Einzelne Gesichtspunkte der alttestamentlichen Bibel konnten aufgegriffen und bedacht werden. Dabei mag deutlich geworden sein: Wir haben eine sehr vielfältige Sammlung ganz verschiedener Schriften vor uns.

Diese Sammlung wird im jüdischen Sprachgebrauch hebräisch gerne als „*t^enak*" bezeichnet. Das Wort bedeutet nichts; es ist die Zusammenstellung mehrerer Abkürzungen. Auch im jüdischen Verständnis der Bibel werden die verschiedenen Schriften gruppiert — wenngleich sich vielleicht die Kriterien etwas geändert haben:

■ Die erste — und ohne Zweifel wichtigste Gruppe bildet die *tora* [übersetzt: Gesetz, Weisung]. Sie wird gebildet aus den sogenannten „fünf Büchern Mose" Gen, Ex, Lev, Num, Dtn (vgl. dazu Kap. 24, zu den Abkürzungen die Aufstellung im Anhang). Ihnen kommt schon in der nachexilischen Zeit der Charakter des heiligen, unveränderlichen Gotteswortes zu.

■ Die zweite Gruppe bilden die *n^ebi'im* [übersetzt: Propheten]. Diese Gruppe enthält die Sammlung der entsprechenden Schriften. Umfangmäßig geht sie über unser übliches Verständnis hinaus, da nach jüdischer Auffassung auch die Bücher Jos, Ri, 1 Sam, 2 Sam, 1 Kön und 2 Kön hinzugerechnet werden. Dies hängt damit zusammen, daß man die ursprünglich angenommenen Verfasser dieser Schriften ebenfalls als prophetische Gestalten — im weiteren Sinne des Wortes — gesehen hat (insbesondere für Samuel war uns diese Charakterisierung begegnet, vgl. dazu Kap. 13).

■ Die dritte Gruppe schließlich setzt sich zusammen aus den *k^etubim* [übersetzt: (übrige) Schriften]. Hierher gehören tatsächlich alle anderen Schriften, die in die erstgenannten Gruppen nicht eingeordnet werden können: Ps, Spr, Ijob, Hld, Rut, Klgl, Koh, Est, Dan, Esra, Neh, 1 Chron, 2 Chron. Dieser Teil der alttestamentlichen Bibel wurde erst im 1. Jh. n. Chr. umfangmäßig festgelegt. Man kann also in der Dreiteilung durchaus — mit Maß — eine Abstufung in der Bedeutung der Texte erkennen.

Nehmen Sie die Anfangsbezeichnungen der einzelnen Gruppen zusammen, so ergibt sich daraus — mit den entsprechenden Vokalen versehen — eine neue Sammelbezeichnung für die hebräische Bibel:

$$\left.\begin{array}{l} \textit{tora} \\ \textit{n}^{e}\textit{bi'im} \\ \textit{k}^{e}\textit{tubim} \end{array}\right\} \quad \textit{t}^{e}\textit{nak}$$

Also: Kein Zauberwort, sondern ein künstliches Wort für wichtige Schriften.

Die Überlegungen zu einzelnen Schriften oder Themen der Bibel haben uns zu verschiedenen Einzelfragen geführt. Dahinter begegnet immer wieder der eine Gott JAHWE, der als ein guter und heilbringender Gott verstanden wird. Die Väter des Zweiten Vatikanischen Konzils haben den Inhalt des Alten Testaments in folgender Weise zusammengefaßt:

„Ein lebendiger Sinn für Gott drückt sich in ihnen aus. Hohe Lehren über Gott, heilbringende menschliche Lebensweisheit, wunderbare Gebetsschätze sind in ihnen aufbewahrt. Schließlich ist das Geheimnis unseres Heils in ihnen verborgen." (Offenbarungskonstitution IV Art. 15)

„Ein lebendiger Sinn für Gott …" Natürlich kann man das Alte Testament auch sozusagen theoretisch lesen, in der Absicht, sich nicht treffen lassen zu wollen von dem Ringen eines Volkes und einzelner Menschen um ihren Gott, um die

Erfahrung seiner Nähe und Treue. Dann ist man aber am eigentlichen Sinn dieser Texte vorbeigegangen; denn sie enthalten nicht in erster Linie religionswissenschaftliche Informationen über einen alten Eingottglauben, sondern das Zeugnis der Betroffenheit, des Vertrauens und der Zuversicht, daß dieser Gott sich immer und ewig als Gott JAHWE erweisen werde.

Und weiters: Das „Geheimnis unseres Heils" ist „in ihnen verborgen". Wir können aus christlichem Verständnis das Alte Testament nicht lesen, ohne eben dies zu bedenken. Ein Ausblick muß auch in diese Richtung gehen. Mit den Texten, die das Heilshandeln Gottes bezeugen, ist noch nicht alles über Gott gesagt. Gott wird noch weiter handeln. Damit ist der Eigenwert des Alten Testaments als Zeugnis der Gottesoffenbarung keinesfalls geschmälert. Aber die Schriften selbst bleiben offen auf eine gottgewirkte Zukunft, eine Zukunft mit Gott.

So müssen sie gelesen, so auch verstanden werden. So wenig $t^e nak$ ein Zauberwort ist, so wenig darf das Alte Testament ein verborgenes, ein „verzaubertes" Buch sein. Das Gotteszeugnis Israels ist Grundlage für den Gottesglauben Jesu Christi und der Christen. Darum nochmals — und abschließend — die Väter des letzten Konzils:

„Deshalb sollen diese Bücher von denen, die an Christus glauben, voll Ehrfurcht angenommen werden."
(Offenbarungskonstitution IV Art. 15)

ANREGUNGEN ZUM WEITERDENKEN

— Vergleichen Sie die Einordnung der biblischen Schriften in diesem Kapitel mit jener im Anhang und bedenken Sie die Unterschiede. Zu den in der obigen Aufzählung fehlenden Schriften beachten Sie nochmals Kap. 3.

— Überlegen Sie anhand der Verbindungen, die Ihnen in diesem Buch begegnet sind, die Beziehung zwischen dem Alten und dem Neuen Testament.

— Formulieren Sie mit eigenen Worten den eigenständigen Wert und die Bedeutung des Alten Testaments. Setzen Sie dies auch zu Ihrer persönlichen Auffassung und zu Ihrem Glauben in Beziehung.

Anhang:
Die Schriften des Alten Testaments
in ihrer heute üblichen Schreibweise und Abkürzung

Die fünf Bücher des Mose

Gen	Das Buch Genesis
Ex	Das Buch Exodus
Lev	Das Buch Levitikus
Num	Das Buch Numeri
Dtn	Das Buch Deuteronomium

Die Bücher der Geschichte des Volkes Gottes

Jos	Das Buch Josua
Ri	Das Buch der Richter
Rut	Das Buch Rut
1 Sam	Das erste Buch Samuel
2 Sam	Das zweite Buch Samuel
1 Kön	Das erste Buch der Könige
2 Kön	Das zweite Buch der Könige
1 Chr	Das erste Buch der Chronik
2 Chr	Das zweite Buch der Chronik
Esra	Das Buch Esra
Neh	Das Buch Nehemia
Tob	Das Buch Tobit
Jdt	Das Buch Judit
Est	Das Buch Ester
1 Makk	Das erste Buch der Makkabäer
2 Makk	Das zweite Buch der Makkabäer

Die Bücher der Lehrweisheit und die Psalmen

Ijob	Das Buch Ijob
Ps	Die Psalmen
Spr	Das Buch der Sprichwörter
Koh	Das Buch Kohelet
Hld	Das Hohelied
Weish	Das Buch der Weisheit
Sir	Das Buch Jesus Sirach

Die Bücher der Propheten

Jes	Das Buch Jesaja
Jer	Das Buch Jeremia
Klgl	Die Klagelieder
Bar	Das Buch Baruch
Ez	Das Buch Ezechiel
Dan	Das Buch Daniel
Hos	Das Buch Hosea
Joël	Das Buch Joël
Am	Das Buch Amos
Obd	Das Buch Obadja
Jona	Das Buch Jona
Mi	Das Buch Micha
Nah	Das Buch Nahum
Hab	Das Buch Habakuk
Zef	Das Buch Zefanja
Hag	Das Buch Haggai
Sach	Das Buch Sacharja
Mal	Das Buch Maleachi